入園者ゼロになった
観光農園の売上を
過去最高に
できたしくみ

さくらんぼ社長の経営革命

株式会社やまがたさくらんぼファーム
代表取締役
矢萩美智［著］
YAHAGI Yoshitomo

中央経済社

はじめに

子どもたちが「継ぎたい！」と思うような
かっこよく儲かる農業経営を目指して

コロナ禍で過去最高売上

コロナ禍で観光農園に逆風が吹き荒れる中、それまでの強みだったさくらんぼ狩りの入園者数が0になりました。しかし、2020年度、株式会社やまがたさくらんぼファームの売上は年商3億円を突破し、過去最高を記録しました。

私たちの事業は、果樹の生産・販売・観光・加工・飲食の5本の柱で構成されています。その中でも、大きな売上を占めるのが「観光」と「販売」です。特に「観光」は、山形県内最大級の観光果樹園として毎年、約6万人のお客様を集客していました。コロナ前には、入園者を増やすにはどうしたらいいか、ということだけを考えていました。しかし、「観光」の売上がまったく見込めないコロナ禍の中で、営業の中心を「販売」へ大きくシフトしました。「販売」の中でも、特に通信販売、ネット販売に注力し、今まで「観光」に使っていた戦力を迷わずそこへ振り向けたのです。結果、今までの「観光」を大きく上回る「販売」売上を確保して、危機を乗り越えることができました。それどころか、気づけば過去最高の売上になっていたのです。

なぜ、こんなことができたのでしょうか？　それは、以前とても「悔しい経験」をしていたからです。

２０１１年3月11日、東日本大震災発災。

日本海側の山形県はほぼ実害はなく、燃料不足を除けば日常の生活を送っていました。当社の売上の約6割を占めるサクランボの収穫期は東日本大震災から3ヶ月後に迫っていました。この時は、サクランボ狩りの入園者数は平年より少なくなるものの「減っても1割～2割だろう」という仮説をもとに何の対策も打たずにサクランボシーズンに突入しました。結果は惨敗。入園者が5割以上減少したのです。この年は豊作で品質も良好、果樹園にはサクランボがたわわに実っていました。労働力を確保できなかったため、収穫が間に合わず、大量に廃棄することになってしまいました。判断と初動の遅れが敗因です。

今でもあの時のサクランボ畑の風景を思い起こすことがあります。「あの時こうしておけば」という悔しい思いをずっと持ち続けていました。

悲観的に準備し、楽観的に行動する

そして2020年、新型コロナウイルスが日本で確認されると、「これはやばい」と直感しました。観光の売上が激減するという仮説を立てて、すぐに動き始めます。頭をよぎったのは2011年の東日本大震災時の悔しい思いです。「同じ轍は踏まない！」という強い気持ちでコロナ危機に対処しました。課題は2つ。「サクランボを収穫する労働力の確保」と「販売先の確保」です。

自社の強みを活かす

やまがたさくらんぼファームは、ほぼ100％消費者への直接販売を行っているので、顧客の需要を敏感に感じ取ることができます。祖父の代から積み上げてきた顧客リストもありました。「観光がダメなら通販だ！」そう決断してすぐに観光農園の休業を決めました。強みだった「観光」を捨て、もう一つの強みである「通販」に賭けました。「ワケあり倶楽部」という大ヒット商品ができ、サクランボの収穫は、休館中だった天童温泉の従業員の皆さまに手伝っていただくことになりました。以前から天童温泉の皆さまとは、宿泊客限定プランの受入れを行うなど良好な関係を築いていたため、サクランボの収穫についてもスムーズに連携できました。

ピンチを乗り越えてきたから

私たちはこれまでに何度もピンチに陥り、失敗を経験してきました。コロナ禍を乗り越えられたのは、これまで積み上げてきた経験と農業経営における様々な蓄積があったからです。経営理念や目標を掲げ、戦略・戦術を構築し、顧客からの信頼を積み上げ、人材育成してきました。

強制的に変わることを迫られた「コロナ経営」で、私たちはさらに強靱な農業経営を手に入れました。密回避や非接触が求められたため、果物を自動販売機で販売することも実現できましたし、草刈ロボットの導入もしました。その中でも、もっとも大きな成果は、新たなお客様や仲間とつながれたことです。

脱家族経営・脱どんぶり勘定の20年

１９８６年に農業経営を法人化し、２０１２年に農地所有適格法人に認定され、２０１４年に総合化事業計画認定、２０２０年にＪＧＡＰ、２０２２年にノウフクＪＡＳ認証。もしかしたら、私たちは日本国内の農業経営体の中では、少し先を走ることができているのかもしれません。

私が就農した20年前、農業経営は法人化されていたものの、実際の中身は法人と個人の境界がないどんぶり勘定。まさしく家族経営そのものでした。しかし、そうした経営をあらため、矢萩家と法人のお金の流れを原理原則に基づいてしっかり分けるようにしました。適切な給料を支払い、父所有の農地や土地建物を借りる場合には、賃借料を支払っています。以前は、法人にお金がなくなると法人が矢萩家から代表者借入れを繰り返していました。現在、父母からの借入れは全てなくなりました。

新たに農地を借りたり買ったりする場合は、法人名義で手続きしています。月次決算で現状を数字でつかみ、黒字決算を目指しました。売上を増やし適正な利益を確保して一緒に働く仲間に分配する。これは一般企業であれば至極当然のことです。しかし、もしかしたら、家族の特権を剥奪してしまった部分もあるのかもしれません。

私が就農した当時、従業員の平均年齢は50代、女性は1名だけ。2022年現在、平均年齢は30代、女性は5名になりました。農福連携を推進し3名の障がい者を雇用しています。仲間が増えたことで事業の柱を増やすことができ、農地の規模を拡大することもできました。6次産業化やカフェ事業では、女性が大活躍しています。以前はライバルだった2ヶ所の観光果樹園の経営を引き継ぎ、一緒に働く仲間がより快適に仕事ができるように、念願の新社屋を建設することもできました。

今思えば、脱家族経営・脱どんぶり勘定を目指して走った20年だったように思います。

農業経営の礎は経営理念

私が考える農業経営の基本は「経営理念」にあります。

「全従業員とその家族の幸せを追求すると同時に、美しい園地を守り、継承し、地域の発展に貢献すること」

これが当社の経営理念です。一緒に働く仲間が満足しなければ、お客様が満足する商品やサービスを提供することはできません。そのために当社と相性がいい仲間を探し、雇用し、意見を共有し、定着率を上げ、オールラウンダーに育てています。

農業は地域を支える基幹産業です。今後の日本の農業は、農家の高齢化が進み、後継者不在により耕作放棄地が増えることが推測できます。しかし、日本の人口は減り続ける一方、世界の人口は増え続けている現実を踏まえると、食料生産を担う農業には大きな可能性があります。私たちは、担い手不在農地の受け皿になるべく、人材育成を進め、生産量日本一を誇る山形県のサクランボ産地を守り抜き、後継者にバトンを渡していきたいと思っています。

矢萩式農業経営のポイント8カ条

「外部環境と自社評価を客観的に判断し、強みを最大化するため、変化と工夫を繰り返し、よりよい仕組みを構築すること」

「矢萩式農業経営とは？」と問われれば、このように回答します。そして、農業経営で特に気をつけていることが次の8カ条です。

1　固定観念や既成概念を打ち破る

異業種の常識が農業では非常識ということがあります。新技術や新商品は積極的に取り込みます。真似ることから始め、真似できない領域まで突き抜けることを目指しています。

2　ヒントは顧客の中にある

顧客分析を行うことで次の一手を打ちます。売上額や数量はもちろんのこと、クチコミやお客様の声を参考に商品開発を行っています。評価は内部でするものではなく、外部がするものです。主観的でなく客観的な視点で農業経営をしています。

3　アンテナを高くして最新情報をいち早くキャッチする

「知らないと損をする」時代です。農業や観光など自社に関連する情報はいち早くキャッチできるようにしています。そのために、同業者の仲間をつくり、組織団体にも所属しています。そして、キャッチした情報を適切に処理できる能力を養っています。ボトムアップで情報や意見を集め、素早く判断し、トップダウンでチームを方向付けしています。

4　＋（たす）じゃなく×（かける）こと

たくさんの方と連携して商品をつくったり、事業を行ったりしています。連携することは「たす」ことではなく「かける」ことです。「かける」ことで思いもよらぬ結果が出ることがあります。お互いの強みを連携することで、さらに可能性を広げることができます。

5　価格競争に入らない商品をつくる

自分でつくったものは自分が決めた価格で自ら販売します。レッドオーシャンから抜け出し、ブルーオーシャンを探し、自らブラックオーシャンを創り出す努力を重ねてきました。あえてライバルができないことにチャレンジすることもあります。自社の武器を見つけ、磨き極めることが付加価値となり、差別化できると考えています。

6　今すぐ使える現金の動きを知る

会社に現金がどのくらいあるのか、自分がイメージしている状況と照らし合わせています。決算書を確認しなくても、現金残高を確認し直近の収支を思い返すことで、今月は売上が足りないとか、経費を使いすぎたなど気づくことがあります。修正できる点は、すぐに対応します。私は手帳に収穫量などの農業生産データと現在の現金残高を書き残して、前年同時期と比較するようにしています。

7　50歳で社長を辞める

「死ぬまで社長」とは、農業界ではよく聞く話です。多くの農業経営体では、後継者は子どもです。親（社長）が亡くなった後、後継者にはどのくらい時間が残っているでしょうか？　その時間でやりたいことはやれるのでしょうか？　外部環境に柔軟に対応できるしなやかな農業経営をするには、後継者を若返りさせる必要があります。

私は父が60歳になった時、代表権をいただきました。34歳でした。そして、50歳で社長を退任することは10年以上前から決めて、いろいろな場面で公言してきました。そうすることで、後継者は社長になる準備をしますし、私は残りの期間を常に意識しながら自分がやりたいこと、やるべきことを実現してきました。

8　自分の子どもたちが継ぎたくなるような農業経営

私と弟が先代から継いだ農業経営。祖父母や父母の積み重ねてきた農業経営に魅力があったから、こうして引き継いでいると思います。その魅力とはいったい何だったのか。答えはまだわかっていません。しかし、持続可能な農業には後継者が必須です。今は「かっこよく儲かる農業」を実践し、自分の子どもたちが継ぎたくなるような農業経営を目指しています。

矢萩式農業経営が詰まった本です

株式会社やまがたさくらんぼファームは、12期連続で黒字決算です。自然災害や天候により収益が左右される農業経営体としては稀です。また、この20年間、私たちの農業経営が評価され、農林水産大臣賞をはじめ、多くの賞をいただきました。自治体や大学などが主催する講演講師を務めたことは累計100回以上。テレビ、新聞をはじめ、たくさんのメディアでご紹介もしていただいています。

しかし、講演や取材だけでは話せなかったこと、伝えきれないことがたくさんあります。これまで蓄積してきた農業経営の考え方をこの本に詰め込むことにしました。

農業経営で悩んでいる人、農業をやってみたい人をはじめ、多くの人達に私たちの経験が少しでも役立ってくれれば幸いです。

著者　矢萩　美智

もくじ

第2章

農業経営の道標は理念と目標
――日本一の観光果樹園になるための戦略と戦術

15

第3章

ピンチはチャンス
――農業の固定観念を捨てアイディアと人脈で乗り越えろ――43

第4章

次の一手――時代のニーズを察知して戦術を組み立てる

第5章 四度目の大ピンチ――観光果樹園の売上が0になって私たちがやったこと 183

第6章 観光農業の再開――ニューノーマル観光農業 215

第1章

生意気なボンボン三代目が家出を経て本気で農業に目覚めた

1 就農──大学新卒で父の経営する農業法人へ入社

学生時代にさかのぼって話を始めましょう。私は地元の日本大学山形高等学校から茨城県の流通経済大学に進学しました。その大学を選んだ理由は、観光学科があったから。「観光は将来必ず伸びる分野だ」と考えていました。そして、何より旅行が好きでした。

学校では農業のことをまったく学んでいません。農家の息子なので、農業高校や農業大学に行くことも考えましたが、そうしませんでした。好きなことを優先させたのです。そのおかげで、農業とは関係のない人脈ができました。

1998年4月、大学を卒業してすぐに山形県に戻り、父が経営する有限会社王将観光果樹園に入社し、就農しました。

当時は先輩男性社員が2名、女性社員は母1名。役員は父と祖父でした。その他には、季節パートの方が数名いる程度。もちろん、私が一番下っ端でした。小さい頃から手伝いをしていたこともあって、働いている方々とは顔見知りで一般的な新入社員の緊張感はありませんでした。

今もそうですが、6月のサクランボシーズンは大忙しで、若さにまかせて駆け回っていました。農作業より販売中心に従事し、お客様と接する機会が多かったです。そこで気づいたのは、

「農業技術が足りない」ということと「父と祖父の連携が図れていない」ことでした。

当時、父は営業・販売、祖父が生産を担当していました。役員として意見が一致せず、社員もどっちの言うことを聞いたらいいか迷ってしまうことも多々ありました。私も同じでした。

祖父が果樹農業を始めて、それを父が観光果樹園にしました。祖父の代では販売形態は直売がほとんどで、当初、お客様を果樹園に入れることに祖父は否定的でした。でも、「観光」部門の売上はどんどん上がっていきます。ことあるごとに父と祖父が衝突する場面を目の当たりにしました。

そして、父と私の間にも衝突が起こり、就農してわずか9ヶ月後の12月末、私は父と取っ組み合いの大喧嘩になりました。先輩社員2名が間に入って止めましたが、「出て行け」「出て行く」の売り言葉に買い言葉で家出しました。喧嘩の原因は、農業経営に関する考え方の違いです。今考えれば些細なことなのですが。このことは本章「4　喧嘩の理由」で詳しく書きます。

当時、母が涙声で電話をくれました。「少し離れて自分1人で頑張ってみろ」。そんな言葉だったと記憶しています。私は熱くなっていて、荷物をまとめることで頭がいっぱいでした。

家出して向かったのは、大学時代の同級生、大津武志氏のアパートでした。場所は茨城県牛久市。誰にも行く先を教えていません。携帯電話が鳴り続けましたが、出ませんでした。

ちなみに、その時乗っていた車は祖父が買ってくれた「ワインレッドのボルボV70」でした。生意気なボンボン新規就農者ですね。

2　サラリーマン時代――最初のピンチは喧嘩、家出、離農

年末は大津氏のアパートでお世話になり、年明けすぐに就職活動をスタート。最初に応募した会社に雇っていただくことになりました。埼玉県川口市にある株式会社ダイヤモンドマークという、スポーツ選手が着るユニフォームにマークを入れたりするのが主な業務の会社です。面接してくれたのは、当時専務だった間野知彦氏でした。雇ってくれた上に、その日のうちに会社近くのアパートをお世話していただきました。

営業部営業1課に配属され、東京都内のルート営業を担当しました。ミズノ（ＭＩＺＵＮＯ）、エスエスケイ（ＳＳＫ）などのスポーツメーカーを訪問して商品をお預りし、マークを付けて納品するのが仕事です。ここでも一番若く、先輩の皆さんにかわいがっていただき、日々楽しいサラリーマン生活を送りました。

現在は雇用する側ですが、雇用されることを経験できたことは、今の農業経営にプラスになりました。また、お世話になった会社が同族企業で、兄弟で経営されていたのも、今の当社の経営のヒントになっています。当時お世話になった方とは、今でもいいお付き合いをしています。当社の赤いユニフォームは、サラリーマン時代のつながりでつくっていただいています。

3 二度目の就農――祖父に説得され再び山形へ

家出をしてから携帯電話の番号を変更して、家族とは連絡しないようにしていました。ただ、埼玉に住んでいる叔父とは連絡を取って、面倒をみてもらっていました。

ある日、祖父から手紙が届きました。「お前が帰って来ないとこの先が心配だ」という内容でした。父母が忙しい毎日だったので、小さい頃からじいちゃん子でした。祖父は、息子である父とは意見が合わなくても、孫はかわいいと思ってくれていたようです。

私は迷いました。今の生活をそのまま続けるのか、それとも山形に帰って農業をするのか。悩んだ末、祖父と父に私が考えていた条件を出して、認めてもらったら帰ろうと決意しました。その条件とは、「やりたいことをやらせて欲しい」というもの。祖父は認めてくれると思いましたが、まだまだバリバリの現役だった父が認めてくれるとは思いませんでした。

再び就農した頃　妻と弟と

祖父光芳とサクランボ畑で

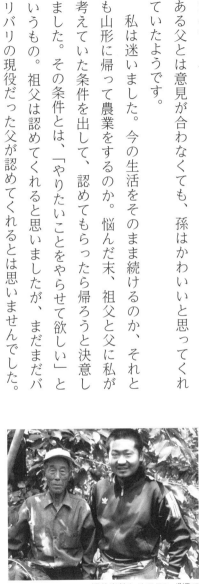

しかし、予想に反して、父も私が出した条件を聞き入れてくれたのです。「やれるもんならやってみろ！」ということだったのかもしれません。

これで二度目の就農が決まりました。２００1年4月、山形に戻り果樹農家になりました。

当時お付き合いしていた彼女も一緒に山形に引っ越ししました。山形への帰路、愛車のボルボを運転中に起こした事故で廃車にしてしまったのは苦い思い出です。

4 喧嘩の理由——登山で例えれば登るルートが違うだけ

少し前で触れたように、父と喧嘩をしたのは、農業経営に対する考え方の相違が原因でした。父は大学卒業後に私が帰ったことで、さらに売上を伸ばそうとしていました。それは理解できます。しかし、農業とまったく関係がない事業に力を入れようとしていました。弟も父の後を継ぎたいという意志があったため、父は「有限会社王将観光果樹園」とは別に「有限会社王将物流」という法人を設立していました。兄弟で喧嘩しないように、それぞれの会社の社長になれるようにしてくれていたのです。

私は、農業と観光に関わる仕事がしたかったのに、まったく関係がない事業に引きずり込まれていくことに我慢ができませんでした。冬期間は農業の売上がないので、王将物流でそばやうどんなどの商品企画や販売を担当していました。父は売上を追いかけるタイプ、私は利益を追いかけるタイプでした。

最近のことですが、ある取材の際にこの話をしたら、「普通は逆なんですけどね」と言われました。走ろうとする子を親が止めることが農業界でよくあることだそうです。この時は確かに、私が父を止めました。しかし、今思うと、当時父がやろうとしていたことは間違っていませんでした。ただし、それを実現できる人材と資金がなかったのです。その事業の中には6次産業らしきものも入っていて、私が今からやりたいと考えている事業もありました。父は先見の明があったのでしょうが、早すぎたようです。

5 債務超過——二度目のピンチはお金がない!

「何で今年も赤字なんだ」。祖父や父がそんな話をしていました。

再び山形に戻ったら、すぐに自分のやりたいことができると思っていましたが、肝心の資金がありません。一番やりたかったことは新しいお店を建設すること。当時のお店は、よく言えば味がある、悪く言えばボロボロでした。夏は暑いし、冬は寒い。トイレは暗くて臭い。そして増築を何度も繰り返した結果、動線が悪い建物でした。資金がないので銀行から借りたいと思い、相談すると驚きの回答が。

銀行「債務超過なのでお貸しできません」

私　「債務超過って何？」

私自身がそういうレベルでした。当時の決算書は債務超過2500万円。債務超過とは、負債総額が資産総額を上回り、全ての資産を手放しても債務を返済できない財務状況です。赤字決算が続いたことが原因でした。

ということで、すぐにやりたいことはできませんでした。一番やりたかった新社屋の建設は、2016年にようやく実現できました。15年かかったことになります。新社屋の話は、第3章「12　新社屋」で詳しく取り上げます。

すぐに顧問税理士に相談しました。回答は、「この会社は潰して新たに一から立ち上げたほうがいいですね」でした。その回答に違和感を持ち、山形県農業法人協会でお世話になっている山形県農業会議の垂石剛氏に相談しました。垂石氏から農業分野に詳しい税理士、森剛一先生をご紹介いただき、森先生がわざわざ東京から駆けつけてくださいました。そして、「矢萩さん、方法はあります」という森先生の回答に目を輝かせました。

通常、債務超過を消すには、黒字決算を継続して2500万円の債務超過を地道に消すしかありません。黒字を出せば、税金も支払わなければなりません。当時の当社の状態を考えるとかなり高いハードルです。

そこで森先生が目を付けたのは、父や母が有限会社王将観光果樹園に貸していた役員借入金でした。役員借入金とは、役員から法人に対して貸し付けているお金のことです。当時、役員借入金が3000万円以上ありました。2300万円を役員に返済し、すぐに同額の2300万円を増資してもらうことで、300万円だった資本金が2600万円になり、債務超過は解消されるということでした。そのためには、返済するためのキャッシュが一時的に必要になること。その後、300万円に減資するので、事実上、役員には借入金を返済できなくなりますとのこと。まるで夢のような話でビックリしました。

債務超過のまま、経営を継続しても、おそらく役員借入金は返済できなかったと思います。父や母には迷惑をかけましたが、あの時の判断は間違っていませんでした。1986年に祖父と父が設立した会社を継続してこそ意味があると考えていました。

2023年、おかげさまで法人設立37年になりました。債務超過解消後、黒字決算を継続して資産超過となり、安定した農業経営を実現しました。そして、父や母から法人として借りていた役員借入金はきれいに返済しました。また、有限会社王将物流は清算し、本業に集中することにしました。

6 結婚——妻は東京出身　山形に嫁入り

2002年5月5日、東京から一緒に引っ越してきた彼女と結婚しました。披露宴はやらない予定でしたが、父母から「形はどうであれやってほしい」と言われ、山形では珍しい会費制で行いました。

「東京から嫁をもらうなんてえらい」とよく言われました。逆に私は、「東京から山形に嫁に来るなんてえらい！」と思っています。妻はいわゆるエッセンシャルワーカーと呼ばれる看護師です。今も農業ではなく、看護師として働いています。

２００３年、長女が生まれました。名前は「さくら」です。映画「男はつらいよ」が大好きな私が付けました。ちなみに私の名前は「美智」と書いて「よしとも」と読みます。祖父が付けました。祖父は美しいという字が大好きです。弟、妹、父、叔母にも美しいが付いています。

私たちは、結婚当初から父母が住む実家とは別の場所に住んでいます。はじめはアパートに、そして数年後、一軒家を建てました。「アパート代を考えると建てたほうがいいね」という簡単な気持ちでした。もちろん住宅ローンを借りました。その時、銀行の担当者から言われたのは「旦那さまだけの名義ではお貸しできません」でした。「奥さまは看護師で公務員ですから共同名義でお願いします」と。農家って信用がないんだなとガッカリした覚えがあります。同時に、妻に感謝しました。ということで、無事「うだつの上がる男」になりました。

実家から離れて暮らす「通い農業」が流行っているようですが、私は約20年通い農業をしています。仕事とプライベートの時間をきっちり分けたいというのがその理由です。私のまわりでは、農家と看護師のカップルが少なくないような気がします。

7 修業――切って切って飲みまくった修業時代

果樹農業の大事な作業といえば剪定です。枝を切る作業ですが、誰でもすぐにできるわけではありません。樹種、品種、栽培環境、樹齢、樹勢、生産者がどんなものを収穫したいかによって、剪定の方法は変わります。剪定には先生と呼ばれる人がたくさんいて、先生によって切り方が違います。それだけ剪定は難しく百点満点はないのです。

ある先生が言いました。

「あと何年農業やれるかわからないけど。剪定も1年に1回だからな」

果樹農業は収穫も、剪定も1年間に1回しか経験できません。剪定の善し悪しで経営に大きな差が出ます。

私が就農した頃、剪定作業は祖父が1人でこなしていました。70歳で約5ヘクタールの果樹園の枝を切っていたことになります。祖父や父に剪定を習って覚えていくことが、通常の果樹農業後継者の流れです。しかし、私は他で学ぶことを選びました。同級生の原田光昭氏や父の同級生の滝口芳春氏が参加している剪定組合の門を叩いたのです。

剪定組合では、1月～4月まで日曜日を除いて毎日、剪定作業を請け負っています。朝8時30分から17時まで、20名くらいが参加して、数名ごとに班分けされ、ベテランの班長が指揮を取ります。最初は、指示された大枝を一生懸命切りました。何も考えなくていい体力勝負の作業です。体力には自信がありましたが、毎日クタクタになっていました。

「大枝が切れるようになったら一人前だ」というのが先輩方の教えです。大きな枝を切ると収穫量が減るので、根拠がないと切れません。「何でその枝を切るのか、理由を言ってみろ」と言われ続け、徐々に理由が言えるようになりました。3年くらい通ってからだったような気がします。

剪定もすごかったのですが、ここは飲み会もすごかった！　新年会、仕事始め、長丁場、仕事終わり、反省会などと称しては飲み、明るくなるまで飲んだこともあります。それがチームワークにつながっていました。

20台の軽トラックが連なって、次から次へと果樹園を移動しながら剪定していくので、地域でも一目置かれる存在でした。その一員になれたことは大きな財産です。現在は剪定組合から抜けていますが、当時と変わらずメンバーの皆さまからご指導をいただいています。

当社では、現在、約10名で10ヘクタールの果樹園の剪定作業を行っています。ノウハウは剪定組合で教わったことを基本にしています。

当時の私の愛車はツーシーター（軽トラ）の白いスバル「サンバー」。まだ小さかった長女さくらをおんぶしながら運転して、保育園の送迎をしていたことを思い出します。

8 青年部――組織に入るということ

ある時、剪定組合の若い方々からお誘いいただいて、地元のとある青年部に入りました。入ってしばらく経った時です。「出荷した実績がないのに青年部に在籍しているのはおかしい」という話が上部組織から出たそうです。剪定組合の先輩からは、「少しだけでも組織に出荷して青年部に居続けたほうがいい」というアドバイスをいただきました。しかし、私は青年部を退部しました。理由はいろいろありますが、直販というスタイルにこだわっていたことと、我慢して入っていても学ぶことはないと判断しました。それに同調して青年部を退部する人もいて、巻き込んでしまって申し訳ないと思いました。

「同じ地域で農業をしている若手が集うグループが必要だ」というのは、若手農業者の共通意見でした。そこで、何のしがらみもない若手農業者の組織「山口果樹研究会」ができました。山口果樹研究会は、農家の大先輩2名が中心になってつくってくれました。これは本当に嬉しかった

剪定勉強会の様子（2022.3.15撮影）

です。数年後、私が山口果樹研究会の会長を務めました。その際に大変お世話になったのが、武田喜三郎氏でした。

武田喜三郎氏は、「くだものづくりの名人」です。東根市の果樹研究会の事業で立木審査会というイベントがありますが、審査結果では、サクランボ、ラ・フランス、リンゴ全ての樹種で常に上位にランクされていました。人間的にも素晴らしい方で「美味しいくだもの」をつくるために若手農業者の指導に熱心に取り組んでいました。お付き合いを続ける中で、山口果樹研究会の剪定勉強会に講師としてお招きすることができました。その後、当社の剪定勉強会にも毎年お越しいただき、ご指導をいただいています。もちろん、剪定後の反省会では美味しいお酒を飲みながら。

ご縁に感謝。どこでどんな人に出会うかわからない。あらためてそう思います。

第2章

農業経営の道標は理念と目標

——日本一の観光果樹園になるための戦略と戦術

1　経営理念――一緒に働く仲間が一番

「全従業員と家族の幸せを追求すると同時に、美しい園地を守り、継承し、地域の発展に貢献すること」

これが我々の経営理念です。私がつくりました。

お客様が一番でなく、従業員が一番です。というのは、従業員とその家族が、満足した生活、仕事ができなければ、お客様に満足したサービスや商品を提供することはできないからです。

後継者不在で農地が荒廃する恐れがあります。従業員を育成し、地域の農地を守り続ける存在になりたい。そして、雇用を守り、持続可能な農業経営を実現し、地域に貢献したい。そんな思いを経営理念に込めました。

経営判断を迫られた時、この経営理念に基づいて決定します。ぶれずに経営を進めるには経営理念が必要です。

2　目標――目標がなければ山には登れない

我々は3つの目標を掲げています。

目標1　私たちは、日本一のさくらんぼ観光果樹園を目指します。
目標2　私たちは、お客様の笑顔のために信頼される商品を提供いたします。
目標3　私たちは、一農業人として地域と共生し、美しい園地づくりに努めます。
まずは、なぜ目標が必要なのか？
私には、小学生の娘がいます。運動会や学習発表会が行われると「目当て」を発表し、その目当てに向かって練習を頑張ります。同じように農業経営にも目当てが必要です。それが目標です。

目標1　私たちは、日本一のさくらんぼ観光果樹園を目指します。

日本一の観光果樹園ではありません。「日本一のさくらんぼ観光果樹園」です。観光果樹園は日本中に数多くあります。さくらんぼ観光果樹園だってたくさんありますが、観光果樹園より少ないはずです。まずは、さくらんぼ観光果樹園の中で日本一になろうと話しています。
では、「日本一とは？」栽培面積、収穫量、入園者数、売上、知名度など様々な指標がありますが、私たちは全ての指標で日本一を目指しています。もっとも大事にしているのは、「顧客満足度」です。
日本一のさくらんぼ観光果樹園になるため、戦略を構築し、戦術を考え実行してきました。戦略、戦術については、このあとの「3　戦略と戦術」「4　戦術」で詳しく取り上げます。

目標2　私たちは、お客様の笑顔のために信頼される商品を提供いたします。

先ほど経営理念においては、お客様より従業員とその家族が大事という話をしました。しかし、お客様を大事にしなくていいということではありません。お客様に買っていただかなければ、売上も利益も出ません。従業員の給料を支払うことも出来ないのです。

お客様が求めている商品、サービスを敏感にキャッチして提供することが大事です。そして、笑顔になっていただくことです。いくら自分でいい商品だと思っていても、評価をするのはお客様です。お客様が感動するような商品、サービスを提供すると、そのお客様は次のお客様を紹介してくれます。これが良いクチコミですね。そして、リピートしてくれます。逆に悪いクチコミは、大きく信用を落とします。

日本は少子高齢化、人口減少社会に入りました。新規顧客を獲得するより、既存顧客を大事にすることが重要です。今まで年1回の利用だったお客様に、2回、3回とご利用いただくにはどうしたらいいか、ということに注力すべきです。

いずれにしろ、ヒントは既存の顧客の中に隠れています。

目標3　私たちは、一農業人として地域と共生し、美しい園地づくりに努めます。

経営理念の後半部分とかぶるのですが、地域と農業は切っても切れない関係です。役員であれ、従業員であれ、パートであれ、農業に携わっていることで地域を支えているのです。

最近は、耕作放棄地が目立つようになりました。当社の農地の隣にもあります。「うちにまかせてもらえればなぁ」そう思います。近隣の農家さんが困った時に声をかけてもらえる存在になりたい。それには、自社の園地を美しく管理することが第一歩です。「あそこにまかせたら安心だな」と、皆さんがそう感じる農業を目指しています。

おかげさまで、ここ3年で約3ヘクタールの農地を借り受けました。近隣の農家さんからお声がけいただき、規模を拡大しました。ほぼ全てが当社の園地の隣接園です。

お声がけいただいたのは、我々の農業経営を評価していただいたからだと思います。これからも面的集積を念頭に規模を拡大し、地域農業を支えていきます。

3 戦略と戦術——戦略から発想することで生まれ変わった農業経営

「日本の農業には戦略、戦術がない」

この話を聞いたのは、就農して5年くらいたった頃です。私が戦略、戦術を意識したのはこの時が初めてでした。きっかけは、「事業戦略構築研究所ＡＸ」の高木響正氏との出会いです。

初対面の時、まずは先生の見かけに驚きました。まるでロックシンガーのような外見で、乗っている車は赤いスポーツカー、そして、若い女性秘書を2人連れていました。今まで持っていたコンサルタントのイメージとまったく違います。

繰り返しますが、「日本の農業には戦略、戦術がない」。これは高木先生の言葉です。講演をお聴きした時の衝撃は、今も鮮明に思い浮かびます。よくあるつまらない、眠くなってしまう講演とは違いました。

講演を聴いた後、すぐに専門家派遣事業で高木先生に来ていただき、直接相談をしました。相談の内容は、ずっとやりたかった新社屋の建設についてです。実は図面までできていました。それを高木先生に見せると一言。

先生「全然だめだな」

私「えっ！」

そんなにはっきり言うんですね。確か冬の夕方だったと思います。薄暗い中、建設したい土地をご覧いただきました。

先生「やってもいいけど失敗するよ」

私「えー—っ！」

理由はたくさんありました。新しい建物を建てても、隣接道路から見えないこと。お客様の動線が悪いこと。そして、何より私に戦略と戦術がないこと。

今は何とか理解できます。「やってもいいけど失敗するよ」という先生の言葉を言い換えるとこうなります。

「戦略がないのに、そんなに大きな投資をして大丈夫なんですか？」

こんな風にも言い換えられます。

「新社屋を建てることは戦術です。戦略なき戦術はまったく意味がありません」

しかし、当時の私には理解できませんでした。新しいお店をつくれば、「お客様が増えて、売上も増えて、儲かるだろうなぁ」ただそれだけでした。おそらく、先生のアドバイスを無視して突っ走っていたら、失敗していたと思います。少なくとも、行列ができるカフェはできませんでした。

新社屋建設は一旦棚上げし、高木先生からアドバイスをいただきながら、戦略構築に励みました。SWOT分析で、自社の強み・弱み、ライバルの強み・弱み、お客様の状況・需要、外的要因の機会と脅威を検証して、分析シートに落とし込んでいきました。

当社はサクランボの栽培面積が大きく、年間売上の6割から7割をサクランボが占めています。これは昔から今も変わりません。したがって、自社の強みはサクランボで、この強みをもっと伸ばす戦略をとることにしました。競争の激しいレッドオーシャンから競争の少ないブルーオーシャンへ。そして、競争のないブラックオーシャンを目指すことに決めたのです。ブラックオーシャンとは、深海を意味していて深海魚しか泳げない世界だそうです。

ここで、本来なら私たちが構築した戦略を書きたいところですが、

「ごめんなさい」

詳しい戦略の内容は教えられません。ここはどうしても守りたい企業秘密なので。実はこれ

も高木先生に教わったことです。「矢萩くんは、将来講師をやったり、取材を受けたり、本も書くかもしれない。その時、戦術は話してもいいけど、戦略は絶対他人に話しちゃダメだ」。今もその言葉を守り続けています。理由は簡単です。すぐパクられちゃうから。それでも読者の皆さんにあえて伝えるとすれば、「自社の強みを最大化する戦略」を構築したということになります。「サクランボ」と「観光」に特化した戦略です。

戦略の基礎はあの当時から変えていませんが、時代に合わせてマイナーチェンジをしています。個人的に、戦略は変えていいと考えています。

それでは、戦略と戦術とはどのようなものなのでしょうか？

「戦略は大きいものです。戦術は戦略の中の小さなものです」。戦術は作戦と同じです。ですから、戦術から決まるなんていうことはあり得ないのです。大きな戦略が決まって、それに関連した戦術が決まっていく。この流れが重要です。

戦略、戦術は戦争から生まれた言葉です。今ではスポーツでも頻繁に使われていますが、要は、相手にどうやって勝つか、ということです。例えば、日本軍は零戦（零式艦上戦闘機）や戦艦大和など、世界有数の戦闘機や戦艦を持っていたのに戦争に負けました。零戦や大和は戦術であり、この戦闘機や戦艦を動かすには燃料がいります。その燃料はどこから持ってくるのでしょうか。パイロットや乗組員はどこで誰が教育するのでしょうか。そういうことを総合的に考えて相手に勝つ方法を考えるのが戦略です。

戦略・戦術構築

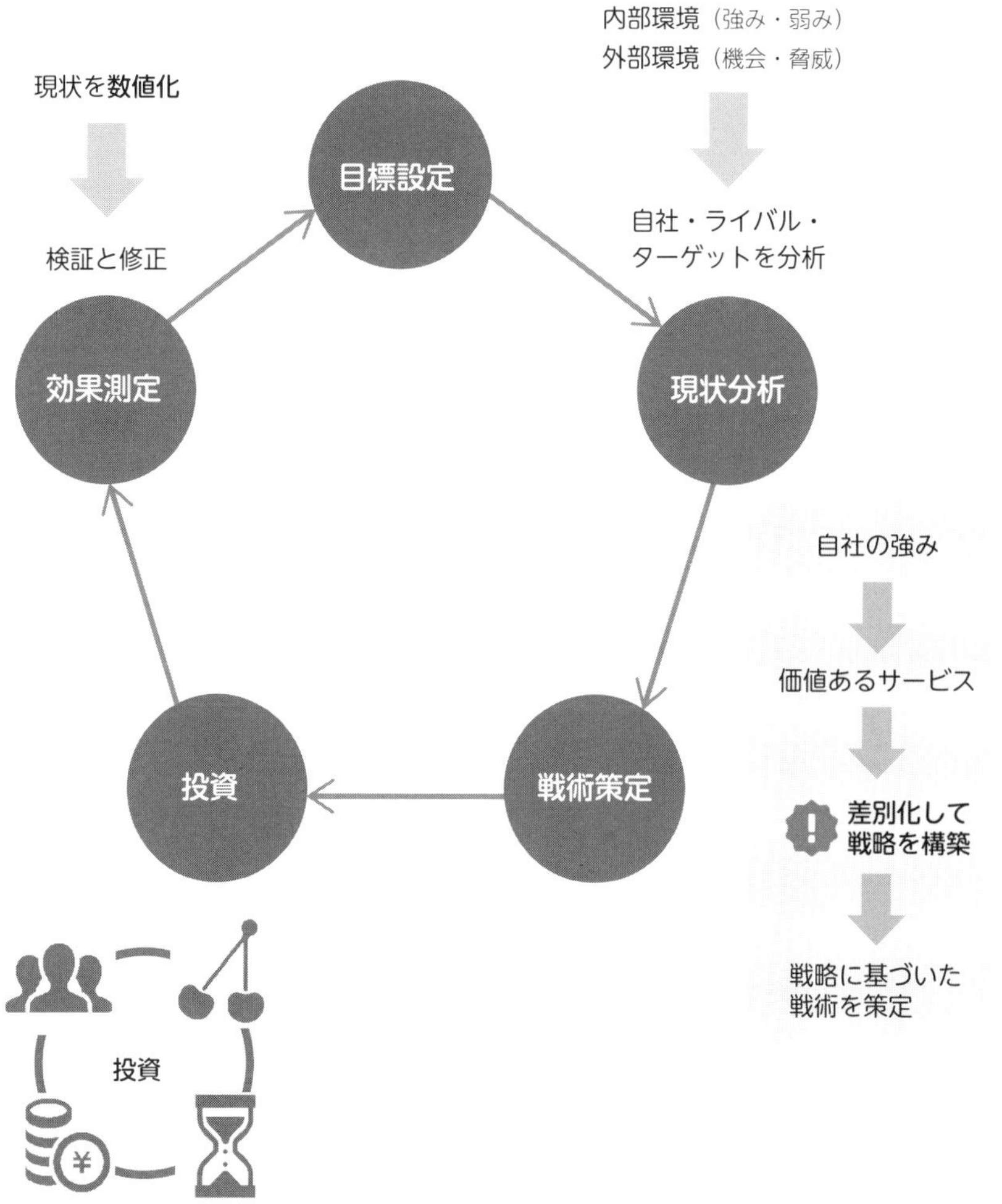

現状を数値化
検証と修正
目標設定
内部環境（強み・弱み）
外部環境（機会・脅威）
自社・ライバル・
ターゲットを分析
効果測定
現状分析
自社の強み
価値あるサービス
差別化して
戦略を構築
戦略に基づいた
戦術を策定
投資
戦術策定
投資

私がやろうとしていた「新社屋建設」は、まさしく零戦や大和と一緒でした。それをつくりさえすれば何とかなると思っていたのです。日本人は戦術が好きなのかもしれません。

前にも書きましたが、新社屋は2016年に完成しました。そこへたどり着くまでに様々な条件をクリアしていきました。これについては、第3章「12　新社屋」で詳しく書いています。

4 戦術――私たちがとってきた戦術

先ほど説明したとおり、戦術は戦略が決まって初めて効果を発揮するものです。戦略は詳しく教えられませんが、私が考えた戦術については説明できます。私たちは様々な戦術をとってきました。

- ロゴマークづくり
- ホームページを作成
- SNSを活用
- 仲間づくり
- 女性の積極的雇用
- 6次産業化の推進
- 新社屋の建設

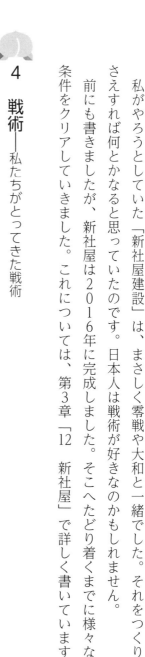

●農地の拡大
●JGAPの認証取得
●農福連携の推進
●関係人口の拡大
●農泊の推進
などなど。

具体的な戦術事例については、次の第3章でご紹介しますが、ざっと挙げるとこんな感じです。これらは全て私たちが実行してきた戦術であり、全てが戦略に基づいて考えられています。

とはいえ、戦術は絶対成功するとは限りません。やってみてダメだと判断したら、傷口が浅いうちに撤退することも考えるべきです。「成功するまでやり続けるから失敗しない」という考え方もありますが、零細企業にそこまで我慢できる体力はありません。それであれば、早めに見切りをつけること、見切りをつけられる戦術をつくることがベストです。

戦略は1つだけでなくてもいい、というのが私の考えです。

例えば、当社の目標である「日本一のさくらんぼ観光果樹園になる」ための戦略があり、それを実現するための戦術に「6次産業化」があります。この6次産業化を成功させるための戦略もあっていいと考えています。6次産業化の戦略を構築した上で考えた戦術が、カフェのオープンでした。

ここまでご理解いただけたでしょうか。とにかく、自分の戦略と戦術を真剣に考えることが、農業経営を成功に導きます。

まだよくわからないという方は、ぜひ私を講演に呼んでくださいね。

5 投資——投資はリスクを回避して

投資というと一般的に「ヒト・モノ・カネ」といわれます。最近はそこに「情報・技術」を入れるようです。

では、投資をする、しないをどうやって決めているのか？

私の回答は、「自社とライバルを比較して客観的に検証し、顧客の需要を把握すると同時に外的要因をおさえた上で、戦略と戦術を構築できた場合に投資をする」です。今まで説明してきたことを短くしただけですが。

よくある悪い例を紹介しましょう。

６次産業化を目指すりんご農家がいます。規格外品があるので、それを加工して新商品をつくりたいと考えました。「まぁ、隣の農家さんがりんごジュースをつくって売れているみたいだから、うちもりんごジュースをつくろうかなぁ」と考えて実際にりんごジュースに加工して商品化しました。

これは悪い例です。どこが悪いかわかりますか？

正解は、「自社とライバルを比較して客観的に検証していない、顧客の需要、外的要因を把握していない、戦略、戦術も構築されていないから」ということになります。りんごの加工品をつくり販売し、売上を増やすという目標に対して、すぐに投資をしている点が問題です。自社とライバルを比較して客観的に検証し、顧客の需要を把握すると同時に外的要因をおさえて戦略、戦術を構築したら、りんごジュースではなく、アップルパイだったかもしれないし、シードルだったかもしれない。もしかしたら、加工せず規格外として生で販売したほうがよかったかもしれないのです。

最悪のケースは、りんごジュースを加工すると決めて設備投資をすることです。補助金があったからという言い訳をよく聞きます。補助金については、第3章「16　大事なお金のはなし」で取り上げますが、「補助金があるから」ということで投資するのは、非常に危険です。「やりたいことがあって、そのための補助金を探す」というのがベストです。

計画段階では、たくさん売れる目標を立てますが、そんなに簡単にヒット商品は生まれません。設備投資をすることで後には引けなくなり、結果、借金だけが残ります。このような失敗を数多く見てきました。

投資は慎重に行うべきです。ただし、投資をしなければ、大きな業績向上は望めないのが難しいところです。

6　検証と修正・改善――数字で検証することが大事

戦略を構築して、戦術をつくり、投資する。そうすると、何かしらの結果が出ます。大切なのはその先です。結果を数字で確認、検証します。いい結果であれば、そのまま進め、悪い結果であれば、修正する。場合によっては撤退することも考えるべきです。ただし、1つの戦術で思い通りの結果が出なくても、他の戦術と連携すると結果がガラリと変わることがあります。具体的に説明すると、果物でジュースをつくるという戦術があるとします。本来であれば、ジュースが売れることが最善ですが、類似品が多いジュースはそんなに売れません。そこで、2つの目の戦術を考えます。ジュースをさらに加工して違う商品にするのです。実は、これで成功したのが当社のカフェ事業です。カフェ事業については、第3章「10　自社加工「オウショウカフェ」」で取り上げます。

ここまで説明したことは、皆さんがよく耳にするPDCAサイクルと似ています。計画（P：プラン）→実行（D：ドゥ）→検証（C：チェック）→修正・改善（A：アクション）をグルグル回してよりよい戦略、戦術を構築してください。

7　観光と農業の連携──やれることからコツコツと

私が構築した戦略では、「観光」と「農業」の連携強化が必須でした。観光は大学で勉強してきたので、得意分野でもあります。

当社は、1985年頃から始まったバブル期に団体旅行を受け入れ、急成長しました。車で15分くらいのところに天童温泉があります。天童温泉に宿泊されたお客様が、毎日、大勢で大型バスに乗って果物狩りにいらっしゃって、帰りにはトランクに積みきれないほどのお土産を買っていってくれたそうです。「コンテナを金庫代わりに一万札を足で踏みながらサクランボを売ったんだ」というのが、当時を振り返る父の言葉です。

しかし、私が就農したのは、バブル崩壊後の就職氷河期真っ只中でした。私はバブルを知らない世代です。その頃、お客様の数は激減していました。また、財布のひもが固く、1人当たりの消費単価も減少していました。

一方、一般的にパックツアーと呼ばれる募集型企画旅行

1985年頃の果樹園

がシェアを増やしていました。それまで、当園は社員旅行や招待旅行などの一般団体のお客様が中心だったため、募集型企画旅行の集客はほとんどありませんでした。そこで私は、大手旅行代理店の募集型企画旅行の取り込みを目指し、営業活動を強化しました。直面したのは父の顔の広さです。営業をしていると、「ひげの息子か?」とよく言われました。私の父は若い頃からひげを生やして、それがトレードマークです。それが嫌だった私は、「父のことを知らないところに営業をかけよう」と決意して、東京より西方面を攻めました。中部、関西、中国、四国、九州、沖縄にもでかけました。中でも、大阪には何度も足を運びました。大学の同級生久下淳氏が大阪市内の大手旅行代理店に就職していたからです。アパートに泊まらせていただき、大阪の旅行マーケットについてアドバイスをいただきました。

これらの営業活動の結果はすぐに出て、サクランボ狩りで4000名の募集型企画旅行を獲得することができました。しかし、入園料や手数料の交渉は厳しいものでした。今まで送客していた果樹園より安くしてほしいとか、手数料はもっと上げてほしいとか。私はお客様が欲しいばかりに、ギリギリまで入園料を下げ、目一杯手数料を支払いました。その結果、サクランボシーズンには、確かにたくさんのお客様がいらっしゃいましたが、受入れの不慣れさで、クレームが多く出ました。今考えるとオーバーツーリズム状態だったと思います。

一方、光も見えました。西日本のお客様は、1人当たりの消費単価が高かったのです。サクランボは西日本では珍しく、高単価の商品を数多くお買い上げいただいたことが要因でした。

毎年、1月から3月は、剪定作業の傍ら、西日本へ営業にでかけました。

その頃、私は頭を丸めていました。父のひげに対抗するためです。それからずっと坊主頭のまま現在に至ります。小さい頃から父に「父子でも男同士はライバルだ」と言われて育ったので、負けず嫌いになったのかもしれません。

今は、団体旅行を獲得するための営業活動はしていません。旅行形態が団体旅行から個人旅行にシフトしたからです。当社では、２０１７年から、個人旅行客数が団体旅行客数を超えました。個人向けの果物狩りプランを増やし、インターネットで予約を受け付けています。以前は、予約しないでいらっしゃるお客様がほとんどでしたが、今は予約していらっしゃるお客様が大半です。１人１台スマホを持って、情報収集する時代です。予約のできるホームページを持つことが個人客を集客するポイントです。

しかし、団体旅行がまったくなくなったわけではありません。個人客は土日に集中するので、平日は団体客が欲しいのが実情です。

また、観光立国という国の政策のおかげで、インバウンド（訪日外国人旅行）が増えました。当園から車で15分くらいにある山形空港にチャーター機で飛んできます。台湾人のお客様を中心に、タイやベトナムからたくさんのお客様がいらっしゃって、果物狩りをお楽しみいただいています。

新型コロナウイルスの影響で海外からのお客様はなくなりましたが、いつか復活することを確信しています。

8　改植――サクランボを増やそう

就農して現場で作業をする中で気づくことがありました。その一つが混植園の効率の悪さでした。混植園とは、複数の樹種が植えてある園地のことです。作業のタイミングが樹種によって違うので、作業効率の悪さが課題になっていました。そこで、樹種ごとになるべく園地をまとめることを目指し、改植作業を行いました。改植とは、もともと植えてあった樹を抜いて、新たに苗木を植える作業です。

ブドウ、リンゴを抜いて、サクランボを植えました。しかし、植えてもすぐに収穫できないのが果樹農業です。数年後を見据えて投資を行いました。今でも毎年のように改植作業を行っています。指定された有望品種に改植すると補助金を活用できます。

離農される方の園地を引き受けるケースも増えてきました。その際にもそのまま生産せずに、自社の販売形態に合

サクランボ改植作業の様子

わせて園地の構成を変えています。改植は、作業の効率化と売上拡大、利益確保のための重要な投資なのです。

9　施設栽培開始──サクランボを早く収穫するために

「今から行きたいんですが、サクランボ狩りできますか？」

こういうお問合わせをいただきます。サクランボシーズンの6月だけでなく、オフシーズンにもお電話をいただきます。山形に来たら、いつでもサクランボ狩りができると思っているんですね。ということは、一年中サクランボを収穫できれば需要はあるということです。そう考えて、温室ハウスでサクランボの栽培を始めました。

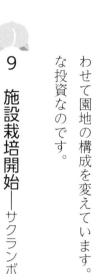

1月の初競りに山形県天童市のサクランボが出荷され、高額で競り落とされています。1月にサクランボを収穫するには、夏場にサクランボの樹を冷蔵庫に入れて、冬の環境をつくり休眠させ、その後、温室内で春の環境をつくり開花させ、結実させています。超加温栽培と呼ばれているこの生産方法は、大きなコストがかかり、高度な技術が必要になります。もし、真冬に温度管理を間違って室温が下がると、サクランボはなりません。ハイリスクハイリターンの栽培方法です。

当社が取り組んだのは、加温栽培です。祖父と父が加温栽培にチャレンジしたハウスが一棟ありましたが、私が就農した時には加温栽培をやめていました。理由を聞くと、失敗したからやめたそうです。設備はある程度整っていたので、投資をしなくても、すぐに始めることができました。すでに弟も帰ってきていたので、2人でサクランボの加温栽培を復活させました。すると、初年度からサクランボがたくさんなりました。その後、3棟、3棟、2棟と増やして、現在は合計9棟でサクランボの加温栽培を行っています。

加温栽培の狙いは、ズバリ、サクランボの収穫期間を延ばすこと。お客様からの声で、いつでもサクランボ狩りの需要があることは確信していました。サクランボ狩りができる期間が長くなれば、それだけチャンスが増えると考えました。

1月下旬から順に温室ハウスを稼働させて、5月中旬から7月中旬までサクランボを収穫できる体制を整えました。それに伴い、通常6月上旬から7月上旬の1ヶ月間だったサクランボ狩りの受入れが2ヶ月間可能になり、結果的に入園者数を増やすことができました。7月中旬まで残しておくサクランボの園地には、遮光シートを設置しています。なるべく色付きを遅らせ、収穫期間を延長する工夫です。おそらく、山形県でこんなことをやっている果樹園は他にないと思います。

近年の異常気象により、平年通りの天候は期待できません。施設栽培のメリットは、ハウス内の環境をコントロールできることです。灌水や加温、換気などにより、気温や湿度などハウス内の環境を樹の生育ステージに合わせることが可能になります。サクランボの結実を阻害する晩霜被害も、施設栽培であれば、暖房を入れることで回避できます。今では、晩霜被害が出やすい露地栽培の「保険のような役割」にもなっています。

デメリットは、コストです。原油の値上がりにより露地栽培ではかからないお金がかかります。それを商品代に転嫁できるかどうかが大きなポイントです。栽培管理も負担が大きく、当初は、太陽が顔を出して室温が上がると、急いでハウスの換気をしていました。常に誰かがハウスを管理しなければなりませんでした。近年のスマート農業の普及により、室温を検知して自動で換気できるシステムを導入し、散水についても自動で行っています。ただし、最後は人が確認することが大事です。ビニールが枝に絡みついて換気ができなかったり、ゴミがつまって水が出なかったりすることがあります。

温室栽培を始めて約15年。失敗を繰り返してきました。温室内の温度管理を忘れて35度以上の高温にしてしまったことがあります。結果、ハウス上部に温度の高い空気が集まって、樹上部の枝にサクランボが結実しませんでした。結実後にサクランボが裂果したこともありました。温室内の水分管理、湿度管理を怠ってしまったことが原因です。原因がわからないこともたくさんあります。今までずっと着果良好だった温室ハウスが、ある年、急に収穫量が激減したこともありました。

「サクランボづくりは毎年一年生」。祖父がよく言っていました。その通りだなぁと思います。スマート農業の普及で働き方が変わりました。当社では、サクランボ温室ハウスの温度管理や散水管理をはじめ、２０２１年からは草刈ロボットを3台導入しました。草刈りロボットは、充電時間以外24時間、草を刈り続けてくれます。草刈ロボットには、それぞれイチマル、ニマル、サンマルという名前を付けました。今後も条件が整えば、ヨンマル、ゴマルと仲間を増やしていきたいです。

上　サクランボ遮光シート設置作業の様子
中　温室サクランボハウス外観
下　温室サクランボハウス内観

10 朝市――新規顧客をつかむ

「お客様が来ないなら、いるところに行けばいい」

当社では、1980年頃から、天童温泉街で朝市を開き、大きな売上を稼いでいました。しかし、ホテルや旅館側が、お客様を外に出さないように館内に売店や軽食コーナー、カラオケボックス、ラーメンコーナーまでつくってお客様を囲い込み、売上を増やそうとしました。当社の朝市は、その影響もあって売上が激減し、閉めることになりました。

そこで考えたのが、ホテルの中で朝市を開くことです。団体旅行の営業で築いた情報網を活かし、どこにどんなお客様が宿泊しているか情報収集しました。その情報をもとに朝市を開く温泉旅館を決め、1台の車に私を含め2、3名の社員が乗って、片道1時間以上かけて朝市販売にでかけました。起床は毎朝4時。開市は6時。10時まで販売し

出張販売の様子（2015.11.7撮影）

て、また1時間かけて帰って来て通常業務。夕方は翌朝の朝市準備。6月中旬から7月上旬までの20日間、9月下旬から11月上旬までの40日間はそんな毎日でした。

温泉では、お客様が朝風呂に入る前、朝食を食べる前に必ず通る動線を探して、その場所に商品を並べました。朝市では、明るい挨拶と美味しい試食が武器です。サクランボの試食は、氷水で冷やして出しました。お客様との会話を大事にして果物の美味しい食べ方を詳しく説明しながら密着サービスをして、自分の顔を売りました。

事前準備、商品陳列、試食準備、接客、受注、会計、出荷など、朝市販売には多くのスキルが必要になります。売れなかった時には、翌朝売れるように自ら考え工夫します。社員同士で売上の競争もしました。この朝市で出会ったお客様から今でもご注文をいただいています。毎年、わざわざご来園いただくお客さまもいます。

毎朝、一緒に朝市に行っていたのは、私の母洋子と私が最初に社員として迎え入れた東海林洋でした。朝市を終えて、車を運転しながら食べる母特製のおにぎりの味は格別にうまかったです。売れた時は、より一層美味しく感じました。頑張ってお客様に声がけしても、売上ゼロの時もありましたね。

11　まるで母子家庭――仕事人間の代償

結婚して、子どもが生まれ、家を建てました。夏場は繁忙期、冬は剪定と営業活動で出張。サクランボシーズンは、約1ヶ月果樹園の休憩室に泊まり込みで家に帰らない。休むのは用事があった時だけで、働きっぱなしでした。妻は今も看護師として仕事を続けています。子どものことも、家のことも任せっきり。妻には「うちは母子家庭だね」と言われました。離婚危機も一度や二度じゃありません。口論になって自宅から飛び出したこともあります。

「仕事を一所懸命やっているだけなのに」

「悪いことをしているわけじゃない」

私の言い訳です。

「家庭と仕事どっちが大事なの？」

答えられませんでした。今ならこう答えます。

「どっちも同じくらい大事」

妻と家族には本当に負担をかけてきました。家族を犠牲にして仕事をしてきたと思います。

今は素直に「ごめんなさい」「ありがとう」という気持ちです。

農業経営者の中には同じ悩みを持っている人が多いのではないでしょうか？　今の私からア

ドバイスするとしたら、いくら忙しくても家に帰って会話をすることです。当時の私は言葉足らずでした。今もそうだと思いますが。農業の場合、稼ぎ時の繁忙期があります。忙しさを理由に視野が狭くなりますが、そんな時でも、家族と仕事のバランスを上手にコントロールしてください。

私も頑張ります！

12 祖父亡くなる——遺志を継ぐ

2006年3月28日、祖父の光芳が亡くなりました。仕事とお酒が大好きでした。夕方、天気予報を見ながら日本酒を飲み、日記をつけるのが祖父の習慣でした。

「剪定終わったか？」

病院にお見舞いに行くと、いつも畑のことを聞かれました。祖父と祖母が最初に植えたサクランボの樹があります。私たちはその樹を「はじまりの樹」と呼んでいます。生前、祖父は「この樹は特別なんだ。1本から百万円取ったんだ」と

祖父光芳と弟と

はじまりの樹の前にて（2013.7.12撮影）

自慢していました。「はじまりの樹」を後世に伝えていくことが、私たちの大事なミッションです。

サクランボ狩りに「プレミアムさくらんぼ狩り」というプランがあります。そのお客様は「はじまりの樹」があるサクランボ園地にご案内し、こだわってつくった大粒の佐藤錦や紅秀峰をお楽しみいただいています。30分3０００円の入園料は、通常料金のおよそ2倍ですが、リピートのお客様が多い人気のサクランボ狩りプランです。付加価値が高いサービスは、価格競争しなくてもいいんですね。

余談になりますが、６次産業化である商品を開発して、祖父の名前「光芳」と命名しました。デザイナーからは、強く反対されたんですが、ゴリ押ししました。詳しくは第3章「11　委託加工（ＰＢ商品）の開発」で説明します。

祖父が亡くなった翌月に長男「虎之助」が誕生しました。

第3章

ピンチはチャンス

——農業の固定観念を捨てアイディアと人脈で乗り越えろ

1　東日本大震災――三度目のピンチは突然に

2011年3月11日、東日本大震災が発災しました。

私は大阪市内から大阪伊丹空港に向かうリムジンバスに乗っていました。営業のため、九州から中国、四国、関西に入り、仙台空港経由で山形に帰る予定でした。リムジンバス車内の携帯電話の着信音が一斉に鳴り出し、すぐに私の電話も鳴りました。「大きな地震が起きた」と、現場から妻から次々に連絡が入り、聞くと、山形は停電していて信号もつかず渋滞しているとのことでした。携帯電話でテレビを見ると、仙台空港に津波が押し寄せています。悪い夢でも見ているようでした。私は車を仙台空港に駐車していたのです。「早く帰りたい」という思いは届かず、東北方面に向かう便は全て欠航になりました。

その日は帰ることを諦め、すぐに大阪市内の旅行代理店に勤務している同級生の久下氏に連絡をし、翌日の山形便と念のため新潟便を予約しました。山形便が飛べばベストですが、飛ばない場合は、新潟空港から陸路で山形に帰るつもりでした。

大阪市内のホテルに宿泊しましたが一睡もできず、朝までずっとテレビから目が離せませんでした。津波、火災、停電などの情報がテレビに映し出されます。津波が動いている車を次々に飲み込んでいく映像は、本当に衝撃的でした。

東日本大震災の時サクランボ生産現場では

その時期、当社の農園では、サクランボの温室栽培が始まっていました。電気と灯油がないとハウス内を暖めることができません。室温が下がりすぎると、サクランボの花芽（つぼみ）が枯死してしまいサクランボが結実しないため、弟を先頭に緊急対策を行いました。いたるところから発電機を集め、家庭用灯油ストーブを焚き、夜通しでハウス内の温度を管理していました。3月といえば、少しずつ暖かくなる時期ですが、その日、山形は雪が舞う寒い日でした。

翌日、運良く大阪伊丹発山形着の飛行機が予定通り運航され、山形に帰ることができました。停電は復旧し、いつもと変わらない風景に見えました。しかし、太平洋側の被害はみるみるうちに大きくなっていきます。仙台空港は閉鎖され、被災地からの出入りには、山形空港ルートが利用されました。続いて、ガソリンが手に入らないという状況になり、ガソリンスタンドの前には常時長い車の列ができて、タンクローリーが入ってくるのを待っていました。農機具を動かすために買っておいたガソリンや軽油を社員みんなで分け合いながら寒さを凌ぎ、マイカー通勤者たちは、一緒に働く仲間と待ち合わせをして相乗りで通勤したり、自転車で行き帰りしたりしました。

その当時、長男を自転車に乗せて保育園に送った後、出勤したことがあります。帰りも自転車で迎えに行き帰宅。その距離は片道10キロ。息子は大喜びでしたが私は…。

福島第一原発事故で売上大幅ダウン

ガソリンが不足していたこと以外は、いつも通りの毎日でした。福島第一原発内で炉心溶融、爆発が起こり、放射性物質が放出されるという事故が起きるまでは――。

福島第一原発事故が起きたことで、当社にも大きな影響が出ました。来園者が半減したのです。山形は実害はありませんでしたが、余震に対する不安がありました。また、東京方面からは、高速道路でも新幹線でも福島県を通らなければ山形県には入れませんが、原発事故後、見えない恐怖のために、東北に入る観光客が激減しました。

サクランボは6月が最盛期で、大震災発災から3ヶ月しかありませんでした。観光客が減るという事態を予想できなかった私は、打つ手が後手後手にまわり、安全をアピールするには時間が少なすぎました。最終的には、大量のサクランボが収穫できず、そのまま廃棄する結果になりました。この年のサクランボはできがよく、豊作でした。全てのサクランボを収穫できなかった自分の力のなさを実感し、悔しくて涙が出ました。まわりは「東日本大震災があったんだから」と励ましてくれましたが、「他にやり方があったんじゃないか」と自分を責め、先が見えず「もしかしたら倒産するかも」と思い悩む日々を過ごしました。

私はこの年の4月に正式に代表取締役に就任しました。父が60歳になったからです。それ以前から社長のようなことをずっとしてきていましたが、父からは60歳になったら代表権を譲ると伝えられていました。

同じ4月に次女「さゆり」が誕生しました。守るものや責任が増えた中で突然起きた東日本大震災は、就農後、最大のピンチでした。

地震発生時、仙台空港に停めていた愛車のスバル「インプレッサ」は、津波で流され行方不明。後日、探しに行った時に、仙台空港の隣にある航空大学校に山積みされた車の中から発見しました。おそらく、米軍の方々が片付けてくれたんだと思います。報道で知りましたが、被災地支援活動「トモダチ作戦」です。見つけ出した愛車は、ガラスというガラスは全て割れていて車内はグチャグチャ。ナンバープレートだけ取り外して持ち帰りました。多くの車が山になっていたあの光景は、今でも忘れられません。もし、地震が起きた時にここにいたらと思うと身が震えました。

数年後、瓦礫の中から私の通帳と印鑑が見つかったと警察から連絡があり、引き取りに行きました。仙台空港近くの警察署まで引き取りに行った時には、復旧復興が進み、まわりの景色が一転していたことに驚きました。

そして、先日、福島第一原発を視察する機会をいただきました。原発付近の農地は荒れ果て、見るに堪えないものでした。原発内では、多くの人たちが廃炉に向けて作業をしています。荒れ果てた街の中で、福島第一原発は一つのコミュニティとして存在していました。

福島第一原発がある大熊町と双葉町は、避難指示が解除されても、戻ってきた住民はほんの一部だそうです。避難先でそれぞれ新しい生活に慣れてしまっているのでしょう。福島第一原発の事故はまだ解決していないのです。廃炉作業完了まで、あと30年、９兆円の予算が必要になるそうです。

2　ピンチから学んだもの――後継者・収益性・自然災害リスク

東日本大震災が最大のピンチだったと書きましたが、他にもピンチはありました。

まずは、大学卒業して就農し、１年もしないうちに父と大喧嘩をして家出、離農したこと。

次に、２年後に帰ってきて再び就農した際、会社は債務超過２５００万円だったこと。

そして、東日本大震災の影響で、売上を大幅に落としたこと。

この３つのピンチから学んだことがあります。

１つ目のピンチからは、農業の後継者を決め、育成することの難しさを感じました。２つ目のピンチからは、農業は儲からないということ、農業の収益性の悪さを痛感します。３つ目のピンチからは、自然災害の恐ろしさを体感しました。地球温暖化、異常気象の影響で農業は不安定な産業になっています。東日本大震災により収入は大きく減少しましたが、支出も大きく減らしました。人的リストラは行いませんでしたが、その他の経費を徹底的に見直したのです。結果的に経営がスマートになり、黒字を出しやすい体質になったと思います。

ピンチから学んだことを経営に活かすべきだと考え、「後継者の育成」「儲かる農業」「自然災害リスクから農業経営を守る取組み」など、少しずつですが具体的に進めてきました。

さて、ここからは、私たちがどんな戦術を考え、具体的にどのように動いてきたかをご紹介します。

3　ロゴマーク──会社（果樹園）の顔です

まず初めにとった戦術は、「ロゴマーク」をつくることです。狙いは、お客様から忘れられないようにするためです。山形でサクランボ狩りをしたことは覚えていても、どこの果樹園に行ったのかは忘れてしまうお客様がほとんどです。ロゴマークをつくれば、覚えていてくれるお客様が増えると考えました。

最初に相談したのは取引銀行です。天童市の隣の山形市にある東北芸術工科大学でデザインを専門的に学んだ学生の皆さんにロゴマークをつくってもらおうと考え、紹介してもらえないかと思ったのです。しかし、学生への要望案件が多いということで、卒業生を紹介していただくことになり、ご紹介いただいたのが、株式会社コロンの萩原尚季氏でした。私と年齢が同じということで、話が盛り上がり、ロゴマーク作成をお願いすることにしました。

当初は、オーダーするだけで何もしなくてもロゴマークができてくると思っていたのですが、実際は、相談、面談、提案、展開というくつもの段階を経て、徐々に私たちのロゴマークが

ロゴマークができるまでの流れ

STEP 1 相談

ロゴマークやパッケージなどを作りたいが誰に相談したら良いか分からない。

1-1 Thinking

1-2 Matching

デザイン相談窓口に相談すると内容に応じて適切なデザイナーを紹介してもらえる。（マッチング）

STEP 2 面談

デザイナーが決まったら、デザイナーに現場に来ていただき課題などを深く聞き取る。（ヒアリング）

2-1 introduction

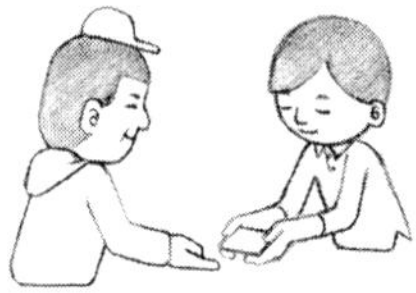

2-2 Hearing

農園・農場にて現状の課題について把握し必要なデザインについてよく話し合う。

STEP 3 提案

話し合いを重ね、現場で働く人との意見交換をしながらロゴマークの意味合いを共有化しシンボルマークを決定する。

3 Meeting & Working

ロゴマークが表層的にならないように、デザイナーと一緒に働く人たちにも情報共有を。

STEP 4 展開

ブランド構築のために、ロゴマークを様々なアプリケーションに展開して活用し認知度を高めていく。

4 Branding

予算や必要な期間を基に、ロゴマークを活用していく媒体を考えましょう。

できてきました。特に大事なのは、面談と提案です。この期間が6ヶ月くらいありました。当社の社員を全員集めて萩原氏と何度もミーティングを重ね、コーポレートカラーやターゲットなど事細かなヒアリングを繰り返し繰り返し行いました。

大きな話題になったのは、「王将果樹園」という屋号を残すかどうかでした。王将というイメージが、私たちが目指すターゲットやコンセプトにマッチしなかったからです。王将は餃子や将棋を連想させ、どちらかというと男性的なイメージです。この機会に「王将果樹園」を違う屋号に変えようという意見がありました。議論の末、「王将果樹園」というブランドで築いてきた顧客のことを優先して、屋号の変更は行いませんでした。あの時、屋号を変更していたらどうなっていたでしょうか。

また、当時は、王将観光果樹園と王将果樹園の2つの名称が使われていたので、正式に「王将果樹園」で統一することを決めたのもこの時です。

萩原氏には「王将果樹園」という男性的なイメージが強いワードを、女性に好かれ、なおかつ、かわいらしくデザインするという難題をお願いすることになりました。最終候補は、2案に絞られ、全従業員で投票をした結果、1票差で現在のロゴマークに決まりました。たくさんの時間を費やし、みんなで決めたロゴマークだから、愛着を持って展開できています。制服にロゴマークが付いていても、気持ちよく着られるのです。もし、私と萩原氏だけでロゴマークをつくったとしたら、そうならなかったと思います。ロゴマーク決定と同時に、名刺、果物を入れる箱のパッケージデザイン、制服などを一新しました。

東北芸術工科大学からのロゴマークデザイン関連の請求は、40万円でした。現物でいただいたのは、データが入ったディスクのみ。当初は、「高いなぁ」と思いましたが、今は逆に安かったと感じています。なぜなら、ロゴマークは実際に展開して初めて価値を発揮するからです。使ってなんぼです。

私たちのロゴマークを説明します。天童市は将棋の駒生産量日本一なので、メインのマークは駒の形です。やさしく、かわいらしくするため、角に丸みをつけ、駒の中の○は、王将果樹園の頭文字であるアルファベットの○（オー）、サクランボ、サクランボ観光果樹園日本一が

上　ロゴマーク入りラッピングトラック
中　ロゴマーク入りパッケージ
下　ロゴマーク入り制服

目標ということで日の丸をイメージしています。上に付いている葉っぱは、フラッグ（旗）をイメージしていて、いつでも元気に活動していることを意味しています。

このロゴマークを次々に活用しています。看板、トラック・マイクロバスのラッピング、パンフレット、パッケージ、コンテナ、冷蔵庫、ホームページなど数えきれません。パッケージデザインを一新、統一したことで、今までバラバラで数多くあった資材の在庫が整理され、コスト削減にもつながりました。

ロゴマークが会社（果樹園）の顔になり、時間が経つにつれ、お客様に浸透していることを実感しています。

4　ホームページ――ネットショップは私たちの直営店

ホームページはとっても大事です。なぜ、ホームページが大事なのか、私の体験に基づいて説明します。

近年、私たちの取組みをテレビでご紹介いただくことが多くなりました。テレビ番組がオンエアされると、最初に反応が出るのはホームページです。ホームページがただの会社案内だったら、買おうと思ってホームページに訪れたお客様は帰ってしまいます。これは販売機会ロスです。

以前、愛知県のテレビ番組でサクランボをご紹介していただいたことがありました。当時は、ホームページやネットショップがなく、受注は電話のみ。回線は2本しかありませんでした。いくら頑張っても、受注できるのは、1日1人80件くらいです。就業時間には限りがありますから、夜間は受注できません。電話がつながらず、諦めたお客様もいたと思います。これも販売機会ロスです。

「もっとたくさん受注できたはずなのに。もったいないなぁ」

そんな思いから、ホームページをテコ入れしました。ネット関連に詳しい村山秀明氏というパートナーを見つけました。村山氏は、個人事業主として大学の講師やホームページの制作・管理を生業にしています。私と年齢も近く、中学校の先輩でもあり、気軽に相談できる人でした。

ホームページ制作は、プロに任せたほうがいいです。小回りがきくパートナーを探し、ホームページを常に動かし変えていくこと、スピード感が重要です。農作物は生ものですから、今売りたいのに、商品ページへの掲載に時間がかかるようでは意味がありません。

まずは、商品を購入できるホームページにすること。私たちのような観光農園の場合は、予約できることも必要です。商品は掲載されているけど注文は電話・ファックスで、というところがありますが、それでは、ネットショップの意味がありません。商品の選択から注文、決済までがホームページでできるようにしてください。販売ページ、予約ページを整備してから、他のページの肉づけをしていけばいいと思います。普段自分が買うショップ、好きなブランド、買いやすいホームページを参考にしています。ホームページは24時間営業、365日年中無休の無人販売です。私たちの直営店だと思ってしっかり投資をしてきました。

ある時、週末の朝に全国放送される旅番組が当園のモモ畑から生中継され、現場のリポーター、スタジオの出演者の皆さまが「美味しい！」と言いながら、当園のモモをお召し上がりいただく様子が放送されました。すると、当園のホームページにアクセスが集中して一時サーバーがダウンするほどの反響をいただきました。驚くことにこの反響は、当園だけでなく、山形県のモモ自体に注目が集まり、まわりの同業者の売上も伸びたそうです。

ご紹介いただく番組がオンエアされる前に、商品を確保して態勢を整えておけば、大きな収益を出すことができます。番組の内容を事前に知ることで、何が売れそうか予測できるはずです。番組内で、ホームページへ誘導するようお願いするのも忘れてはいけません。ただし、思ったほど集客効果がないテレビ番組もありますので注意が必要です。

ホームページの技術的なことは、ほとんどわかりません。自分のやりたいこと、イメージをパートナーに伝え、形にしてもらっています。ホームページと連携し、ＳＮＳで情報発信することも大切です。こちらは、私が担当しています。詳しくは、本章「7　ＳＮＳマーケティング」でご紹介します。

5 通販――大手通販業者には頼らない

ネットショップの開設

当社のホームページの中には、「王将果樹園公式ネットショップ」があります。約15年前の2006年から販売を始め、売上は右肩上がりです。2006年度の販売額80万円が、2019年度は2000万円になりました。25倍に成長したことになります。そして、コロナ禍の2020年度のネット通販の売上は2億円。さらに一気に10倍になりました。この売上の大部分を「ワケあり倶楽部」が占めています。詳しくは、第5章「2 「ワケあり倶楽部」ができるまで」で取り上げます。

就農当時、大手の百貨店やスーパーなどのカタログギフトにあこがれた時期がありました。「このカタログに載れば、たくさん注文が入るんだろうなぁ」と。一方的に見積りを提出したこともあります。今思うと、自分で売る努力を怠っていました。

ダイレクトメールに力を入れ始めたのはその頃からです。今は、年間4回のご案内をお客様にお送りしています。ネットショップを始める前は、注文のほとんどがダイレクトメールをご覧いただいたお客様からの郵便振替によるものでした。郵便局での決済後、注文内容がこちらに届くシステムです。続いて、代金引換決済を利用した電話受注を始めました。

ネットショップを始めたことで、今まで郵便振替や電話で注文していただいていたお客様がインターネット注文に移行してきました。ダイレクトメールは、印刷代や郵送代などのコストがかかります。一方、ネットショップの宣伝をするメルマガやＳＮＳは、コストはかかりません。

王将果樹園の福袋が売れる理由

当社の通販に「王将福袋セット」という、ネットショップで販売開始すると5分で１００セットを完売してしまう人気商品があります。福袋として、1月に出荷するリンゴやラ・フランスと当社の加工品、山形の特産品を詰め込んだお得な商品です。

いつもご愛顧いただいているお客様への感謝を込めた商品をつくりたいと思い、企画し、販売しています。この福袋を出荷することで、当社の在庫を一掃できます。冬期間はショップ＆カフェをクローズしているため、そこで取り扱っている商品をセール価格でこの福袋に詰め込んでいます。また、お付き合いしている仕入れ業者の状況を聞き取りながら、今売りたい商品を積極的に入れています。お客様も仕入れ業者も私たちも喜ぶように、当社と仕入れ業者とで協力して福袋の内容を検討しています。そして、この福袋は当たり付きで、運よく当たりが入っていたお客様には、旬の時期にサクランボが届きます。もしかしたら、これが人気の理由かもしれません。

コロナ禍の2020年5月には、全国で観光客の姿が消えました。当社の大事なパートナーである取引業者の方々も大変苦労していました。もちろん、私たちもです。そこで「山形応援福袋」という商品を企画し、ネットショップで販売しました。温室育ちのサクランボをはじめ、そば、うどん、ラーメン、お米、玉こんにゃく、山形のだし、いも煮、せんべい、ゼリー、ジュース、ドーナッツ、フルーツソース、炊き込みご飯のもと、スモッち（山形土産で人気がある半澤鶏卵の燻製卵）、お菓子などを箱いっぱいに詰めて出荷しました。外出自粛期間だったため、お客様にもとても喜んでいただきました。

自ら売ることにこだわる

当社の商品は、大手通販サイトでは販売していません。お誘いのお電話はたくさんいただくんですが、気づいてしまったんですね。直接販売の魅力に。誰かに売ってもらうということは、手数料がかかります。日々、工場で予定数量を製造できるようなものであれば、定額の利益を出すことができま

出荷の様子

山形応援福袋イメージ

す。しかし、農産物はその年によって収穫量が違い、それに伴って利益が変動します。販売価格を事前に決めなければいけない、加えて利益率が低い私たちの商品は、通販サイトで販売する必要はありません。これがダイレクトマーケティングだと気づいたのは、つい最近のことです。

それでは、どうやって顧客を見つけるか。私は、お客様に直接お会いすることで増やしてきました。すでに第2章「10 朝市」でご紹介しましたが、朝市や出張販売にでかけて行って、お客様との接点を増やしてきました。もし、そういう時間がなければ、生産に集中して、売ることは誰かにお任せするのも一つの考え方だと思います。

自分で販売するということは、ある程度の投資をしなければなりません。受注や送り状の作成、顧客管理ができるような仕組みを導入しなければなりませんし、それを管理する人も必要になります。

6 果物狩り――農業体験で顧客を増やす

当社では、サクランボ狩り、モモ狩り、ブドウ狩り、リンゴ狩りを受け入れています。団体客が中心だった頃は、30分園内食べ放題だけで十分集客できていました。旅行形態が変わり、個人型になった今は、年間50以上の果物狩りプランをつくっています。食べ放題の時間を長くしたり、品種を特定したり、2種類の果物を食べられたり、カフェの商品が付いたプランなどを企画しました。インターネット限定プランにして、自社ホームページで予約を受け付けています。

以前は、山形に来てからサクランボ狩りをする果樹園を決める方が大多数でした。今は、事前にスマホで検索して、予約をしてから来園される方がほとんどです。いつ、誰と、どんな目的で、予算はいくらくらいで、などを考慮して果物狩りプランを決めているようです。

「DMC天童温泉」(＊注)と連携して、企画、集客、受入れをした果物狩りプランがあります。早朝6時30分から入園する「朝摘みさくらんぼ狩り」です。6月上旬～7月上旬、私たち農家は、毎朝5時からサクランボの収穫をしています。果肉がしまった美味しいサクランボを収穫するためです。サクランボは日中に光合成と呼吸を活発に行い、栄養分を使い、夜、涼しくなると呼吸が少なくなり、栄養分がサクランボに集まります。ですから、朝摘みサクランボは美味しさが凝縮しているのです。朝摘みサクランボは、農家だけが食べられる特権のようなものでした。

このプランは、着地型旅行商品として天童温泉の各旅館で販売していただきました。着地型旅行商品とは、旅行者を受け入れる地域でつくられる旅行商品のことで、旅先で参加するオプショナルツアーのようなものです。チェックインした際に、お客様にお声がけいただき、予約を取ってもらいます。早朝のツアーにもかかわらず、多い年は500名以上のお客様にご来園いただきました。天童温泉からの送迎バスを付けることで、車がないお客様でも気軽に参加できます。また、早朝から入園するこのプランは、実質的に天童温泉に宿泊しないと体験できません。日帰りでサクランボ狩りを楽しむお客様が多く、宿泊客が伸び悩んでいた天童温泉としてもメリットがあります。お客様は早起きをしなければなりませんが、サクランボ狩りを早朝にすましておくことで、日中の時間を有効活用できます。サクランボ狩りの後は、朝風呂に入って、ゆっくり朝食をお召し上がりいただけます。東北とはいえ、6月から7月の山形は、日中の気温が30度を超えることがあります。汗だくでサクランボ狩りをするより、早朝の涼しい時間帯に快適にサクランボ狩りをすることは、お客様にもメリットがあります。そして、何よりも美味しいサクランボが食べられるのですから。

個人のお客様が増えたことに対応するため、券売機とマイクロバスを導入しました。また、マイカーで来園される方もいますので、駐車場の確保も必須です。第2駐車場、第3駐車場を整備しました。混雑が予想される土日には、ガードマンを配置して交通整理をしています。2022年には、第1駐車場を全面舗装し、より快適にご利用いただけるようになりました。

さらに、サクランボ1キログラムを自分で収穫する、お土産を付けたプランをつくりました。狙いは、お客様に収穫してもらえば「私たちが収穫、選果、箱詰めする手間が省けるなぁ」という安易な考えでした。実際に受け入れてみると、お客様がサクランボ1キログラムを収穫するのに、予想以上に時間がかかることがわかりました。せっかくなら美味しいサクランボを持って帰りたいために、粒を選ぶのに時間がかかるのです。あるお客様からは「自分で収穫できないから、代わりに収穫して欲しい」というリクエストが…。狙いがはずれ、すぐに集客を中止しました。この他にも、やってはみたもののダメだったもの、企画段階で消えてしまったプランも数多くあります。

果物狩りを受け入れることは、リスクがあります。お客様が他の農家さんの畑に入ってしまい、謝罪に行ったこともありますし、枝を折られることもあります。果物を盗まれることもありました。特にサクランボは小さいので、盗難にあいやすいですね。ビニール袋に堂々と入れるお客様、水筒や弁当箱に入れて持ち帰ろうとする強者までいました。

＊注　DMC（Destination Management Company：観光地経営会社）の略で、地域の資源を活かした観光地経営を主導し、データ分析や戦略づくり、旅行商品の開発や販売を行う組織です。DMC天童温泉は、天童ならびに近隣地域の魅力を発掘し、より多くの人々に天童温泉にお越しいただくために、旅館・ホテル経営者が株主となって設立されました。

全面舗装した第1駐車場

サクランボ狩りの様子

7　ＳＮＳマーケティング――無料で手軽にＰＲする

「皆さん、ＳＮＳはやっていますか？」

私は、フェイスブックから始め、ライン、ツイッター、インスタグラム、最近はユーチューブを始めました。

「なぜ、ＳＮＳをやっているのか？」

それはズバリ、「お客様に知ってもらうためです」。

農業者からの相談で多いのが、「私は美味しいものをつくっていますが、売れません。どうしたら売れるようになりますか？」というもの。私の答えは、「お客様があなたのことを知らないから売れません。あなたが誰で、どんな農産物をつくっているかわからなければ絶対売れません。まずは、お客様に知ってもらうことです」とアドバイスします。

お客様に知ってもらうために何をするか。テレビでＣＭを流したり、新聞や雑誌に広告を出したり、今だとネット広告も多いですね。だけどそれなりにお金がかかります。

一方、ＳＮＳは手間と時間はかかりますが、お金はかかりません。ＳＮＳはそれぞれに特徴があります。フェイスブックは本名でとか、ツイッターは文字数制限があるとか、インスタグラムは写真中心とか、ユーチューブは動画ですよね。私はＳＮＳについて詳しいわけではありませんが、できる限り細やかに更新し、情報発信をしています。それが私の仕事だと割り切っているのです。

よく恥ずかしいからやりたくないという話を聞きます。その時、私が言うのは、「そんなに注目されていないと思いますよ。投稿しても、日本中の人が見ているわけじゃないし、まずはやってみたらいいんじゃないですか」です。

SNSの中でも、個人的に「効果があるなぁ」と思っているのは、ツイッターです。ツイッターのユーザーネームの多くは本名ではありません。それが影響しているかどうかは不明ですが、フォロワーが増えやすいように感じています。率直なコメントが多く寄せられます。もちろん苦言をいただくこともありますが、リツイートという拡散効果も期待できます。

爆発的に拡散され、一躍話題となることを「バズる」といい、実は私も経験しました。バズったことで、ある商品が瞬く間に完売しました。ネットショップ担当者からも驚きの連絡が入りました。

「1日で昨年の売上を超えました！」

1日で3000万円以上を売り上げたのです。ツイッターをやっていなかったらこんな経験はできませんでした。

メディア関係者の方から聞いた話ですが、取材先を探す際には、SNSを活用しているそうです。おもしろい話題をSNSで紹介したら、取材が入って消費者に知られ、商品が売れると

ホームページ・SNSの活用

- 自社サイトの充実

ショッピングサイト
予約フォーム
→ 社内で管理

公式ホームページ
https://www.ohsyo.co.jp

- SNSを使った情報発信

SNSそれぞれにユーザー層は異なる

↓

複数のSNSを運用

Instagram

公式ホームページ　Instagram　LINE　Facebook

いうこともあると思います。

まずはやってみてください。

そして、継続してください。

何かしら変わってくると思います。

ずぶの素人だった私でもやっています。

皆さんにもできるはずです。

もしよろしければツイッターで「矢萩よしとも」と検索してみてください。果樹園のこと、カフェのこと、プライベートなこともつぶやいています。

フォローしていただき、参考にしていただければ幸いです。

矢萩よしとも
Twitter

8　王将果樹園ユーチューブチャンネル――動画の力で果物をより身近に

２０２０年10月に王将果樹園ユーチューブチャンネルを立ち上げました。始めた理由は、「流行っていたから」。小学生の次女はテレビよりユーチューブに夢中です。とりあえずやってみるという今まで通りの行動パターンで、さらに言うなら、動画というコンテンツに可能性を感じていました。動画は文字よりわかりやすい。「百聞は一見にしかず」ですよね。

しかし、課題もありました。ずぶの素人の私には、ユーチューブを使いこなすことは難しかったのです。そこで、ホームページの制作をお願いしているパートナーの村山氏と組んで、動画を撮影、編集、投稿という流れをつくりました。特に編集は技術がいる作業でセンスも必要です。撮影する内容、時間、ターゲットを決めるのは私の役割です。自ら動画に出演し、伝えたいことを話します。お客様に伝えたいことはたくさんあります。

まず取り組んだのは、「ラ・フランス」です。山形県天童市が生産量日本一の果物です。以前からラ・フランスの食べ方がわからないというお客様からの声をよく聞いていました。ということで、動画でラ・フランスの食べ方を説明しました。実際にラ・フランスを食べているところをご覧いただきながら説明するので、とてもわかりやすいという評価をいただきました。この動画が、今のところ一番多い再生回数です。また、今までは、ラ・フランスを出荷する際、ラ・フランスの食べ方という紙を同梱していましたが、ユーチューブチャンネルができてからは、ラ・フランスの食べ方について説明している動画を見られるＱＲコードを記載した紙を同梱しています。

他にも、ラ・フランスやリンゴの収穫風景、選果

YouTube チャンネル
動画撮影の様子
(2021.9.30撮影)

や箱詰めをしているところ、私がパフェを食べているところなど、いろいろな動画をリリースしました。果物の食べ頃、収穫されてから出荷されるまでの流れ、いろんな果物についての情報など、私たちは知っていてもお客様は知らないことがたくさんあります。おもしろいのは、その再生回数です。お客様の知りたい情報が入っている動画の再生回数は、どんどん増えていきます。お客様がどんなことを知りたがっているのか、この再生回数からつかむことができるのです。また、「くだものじはんき」「カフェ」「王将果樹園　AIR農園部」についても動画でご紹介するなど、他の事業の周知にも活用しています。その後、2021年6月には、ユーチューブチャンネルを使って、ライブコマースにも挑戦し、サクランボを販売しました。

画面の先は 至福の天童
温泉×サクランボ 生配信ツアー
DMC天童温泉と王将果樹園初企画　視聴者限定販売も
リハーサルを行うDMC天童温泉と王将果樹園のスタッフ　＝4日、天童市川原子
（後藤和美）

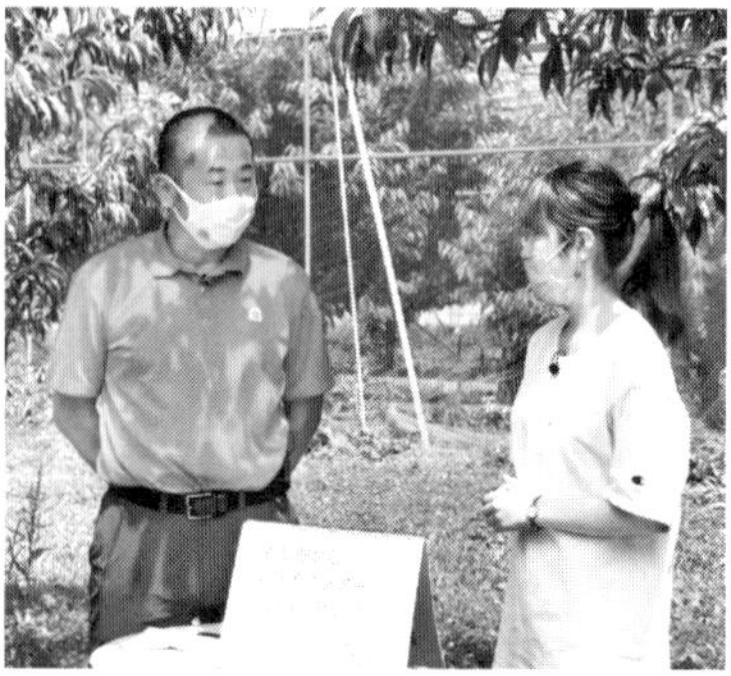

上　山形新聞（2021.6.5掲載）
下　ライブコマースの様子

動画は大きな可能性を持っています。気になっている方はぜひ挑戦してみてください。そして、王将果樹園のユーチューブチャンネルをご覧いただき、チャンネル登録もしていただけるとうれしいです。

王将果樹園
YouTube
チャンネル

9　6次産業化――もったいないを6次産業化で解決

農業の6次産業化は、多方面で大きく取り上げられています。しかし、6次産業化をしても成功するのはほんの一握りです。私は今でも、加工せずに生でそのまま売るのが一番だと思っています。

私たちが6次産業化を始めたのは、課題を解決するためでした。サクランボ観光果樹園を運営する上での課題です。サクランボ狩りの予約を受け付けて、お客様に楽しんでいただくのが大前提のため、シーズン終盤でも、予約が入っていれば、全てのサクランボを収穫することはできません。お客様のためにとっておかなければならないからです。最後のお客様が全てを買っていただけるはずはなく、当然サクランボは残ります。残ったサクランボは、果肉がやわらかくなり、生で出荷することは不可能です。以前は、残ってしまったサクランボは全て廃棄していました。それが当たり前になっていたのです。

東日本大震災があった2011年は、お客様が激減してサクランボが例年以上に残り、大量に廃棄しました。悔しい思いをしたことは、この本の冒頭でも書きましたが、その時、自然災害などの外的要因で今後もこのようなことが起こるかもしれないと感じました。

そこで思いついたのが、6次産業化でした。やまがた食産業クラスター協議会の事務局長だった高橋武氏から、総合化事業計画を書くことを勧められていました。

6次産業化・地産地消法では、農林漁業者が経営の改善を図るため、総合化事業計画の認定制度を設けています。総合化事業計画とは、農林漁業者が主体となり、農林水産物の生産、加工、販売を一体的に行う事業活動の計画です。総合化事業計画を作成し、農林水産大臣に認定を受けた事業者を総合化事業計画認定者といい、様々な支援が受けられます。

今思うと、私にお誘いがあったのは、山形県から総合化事業計画認定者を出すノルマを課せられていたからなのかもしれません。当時、総合化事業計画とは何を計画するものなのかさえ知りませんでした。しかし、「サクランボ観光果樹園の課題を、6次産業化で解決する」その思いは強く持っていました。加工してどんな商品をつくるかということも、私の頭の中にはイメージがありました。

熟慮の末、総合化事業計画を書くことを決意しました。いざ書き始めると、申請書の内容はかなりの量です。5W1H（いつ、どこで、誰が、何を、なぜ?、どのように）、資金計画、売上目標などをこと細かに落とし込んでいきました。やまがた食産業クラスター協議会に提出、修正、農林水産省に提出、修正を何度も繰り返しました。ようやく農林水産省から認定されたのは、2014年12月5日でした。

後日、農林水産省東北農政局山形県拠点で地方参事官から認定証をいただきました。総合化事業計画で「さくらんぼソフトクリーム」と「さくらんぼリキュール」「冷凍さくらんぼ」を商品化し、販売することを認定していただきました。6次産業化の本格的なスタートです。

10 自社加工「オウショウカフェ」——売上が4年で14倍に成長

「オウショウカフェ」オープン

総合化事業計画を認定していただいた翌年、2015年6月13日に、「オウショウカフェ(oh!show!cafe)」をオープンしました。ほぼ同じタイミングで6次産業化を担当する人材を新規採用しました。

決して立派なお店ではありません。カフェとはいえ、ゆっくりお召し上がりいただく席もありません。エアコンが付いている中古のプレハブを30万円で購入し、それをカフェにしました。カフェのロゴマークを決め、幼馴染みの看板屋、松田昭氏に頼んでプレハブをラッピングして、シェードを付け、看板を設置しました。

オウショウカフェというお店の名前は私がつけました。oh!show!cafeと表記します。oh!show!は正式なアルファベット表記ではありませんが、以前から何かの機会があれば使おうと思って、あたためておいた名前でした。

オリジナルのソフトクリームとジュースからの出発

最初に販売したのは、「さくらんぼソフトクリーム」とリンゴ、ラ・フランス、ブドウなどの「100パーセントオリジナルジュース」です。

100パーセントオリジナルジュースは、委託加工して1リットル瓶詰めですでに商品化していましたので、氷を入れた使い捨てのコップに小分けするだけです。

問題は、「さくらんぼソフトクリーム」です。レシピがなかったので、顔見知りだった業者

上　オープン当時のカフェ（2015年6月撮影）
下　カフェメニューの看板

さんに相談しました。今までの委託加工のルートを使ってサクランボジュースを加工することは可能です。できたサクランボジュースをソフトクリームに入れて、オリジナルのソフトクリームをつくれないか、というのが相談の内容です。提案していただいたいくつかのレシピをもとに、試食、調整を何度も重ねてようやくオウショウカフェオリジナルの「さくらんぼソフトクリーム」が完成しました。ソフトクリームの脇には、サクランボをトッピングすることを決め、生でトッピングできない時期には、冷凍したサクランボをトッピングすることにしました。

ミニとレギュラーの２つのサイズを用意し、味はサクランボとバニラとミックスの３つ。ミニは２５０円、レギュラーは４００円です。ソフトクリームにしては高めですが、サクランボという高い原料を使用していること、ここでしか食べられないという付加価値を考えて強気で値付けをしました。

残る課題は、ソフトクリームをつくる機械です。一般的な機械でも、１００万円以上します。売れるかどうかわからないのに、大きな投資になります。迷っていると、担当者の方が「１年目は貸しま

左　新さくらんぼ
ソフトクリーム
中　さくらんぼソフト
クリーム
右　100%オリジナル
フルーツジュース

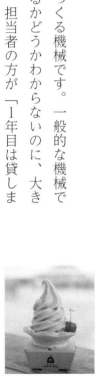

すよ」と、続けて「来年は買ってくださいね」と。二つ返事で「わかりました！ありがとうございます！」ですよね。

結果、初年度に約６０００本のソフトクリームを販売し、１５０万円の売上でした。２年目には、約束通りソフトクリームメーカーを購入。１００パーセントジュースを活用して、季節に合わせたフルーツソフトクリームを商品化しました。

このカフェが数年後、売上２０００万円を超え、90分待ちのお店になるなんて、誰が予想できたでしょうか。

パフェの誕生

まずまずのスタートを切ったこの時、私にはすでに次に販売したいメニューがありました。

「パフェをつくりたい！」

「王将果樹園のフルーツをたっぷりのせたパフェをつくって、お客様に食べてもらいたい！」

カフェをオープンした翌年、２０１６年４月に新社屋が完成。その中にカフェを入れ、見晴らしがいい２階には、カフェメニューが食べられるラウンジを設けました。

そして、念願の「季節のフルーツパフェ」を商品化しました。パフェの内容は季節によって変わります。初夏はサクランボ、夏はブドウやモモ、秋はリンゴやセイヨウナシ、ラ・フランスなどをもりもりにトッピングしてパフェにしました。フルーツパフェには、オリジナルソフトクリームを使用しています。パフェの価格は当初750円でしたが、2019年から800円に、2022年から880円にしました。

オウショウカフェのパフェのコンセプトは、

●様々な品種の食べ比べができること
●山形のくだものにこだわること
●見映えがよく食べる前から目で楽しめること
●ここでしか食べられないオリジナル商品であること

食べて美味しいことはもちろん、プラスアルファが求められる時代です。私たちが提供するプラスアルファは、食べ比べ、山形産、見映え、オリジナルです。

フルーツパフェは、発売後、すぐにオウショウカフェの看板メニューになりました。

広告にお金はかけない

フルーツパフェは、多くのテレビ、雑誌で取り上げていただきました。何より影響が大きかったのはSNSです。「インスタ映え」という言葉が流行しましたが、たくさん

新社屋2階ラウンジ

のお客様がスマホのカメラでフルーツパフェを撮影して知り合いの方々に拡散してくれたのです。ここが大事なのですが、私たちがＰＲするよりお客様がＰＲしてくれた情報のほうが信用度は高いです。なぜなら、それは客観的な評価だから。お店側が「美味しいですよ」と投稿するのは当たり前です。私たちがおすすめするより、友達や家族、知り合いがおすすめしたほうがずっと効果的です。その上、テレビや新聞の広告はお金がかかりますが、ＳＮＳはお金がかかりません。ただし、テレビや新聞の宣伝も、取材されてテレビや新聞に出る分には、お金はかかりません。

当社では、広告にお金はかけないという暗黙のルールがあります。たまに広告代理店から、営業の電話が入ることがあります。「テレビでご紹介したいのですが…」こんな電話です。電話に出た当社のスタッフは、多分こう聞き返しています。「それってお金かかりますか？」その回答によっては取材を受けますし、お金がかかる場合はお断りします。

広告したからといって、必ず売れるわけではありません。魅力がある商品は、それ自体が広告になります。オウショウカフェのフルーツパフェは、旅行雑誌の「るるぶ」や「まっぷる」の表紙になり、山形県の観光パンフレット、ポスターにも採用され、ジェイアール東日本管内の多くの駅に掲示されたこともありましたし、日本航空の機内誌でもご紹介いただきました。私たちが知らないところでどんどん有名になり、お客様に認知されていきました。

なしパフェ	ぶどうパフェ	さくらんぼ パフェ
新さくらんぼ パフェ	りんごパフェ	ももパフェ

コンセプトは「食べ比べができるパフェ」

「パフェの新メニュー開発は誰が行っているのですか？　社長じゃないですよね？」

福岡で講演した際に参加者から出た質問です。回答は、「コンセプトやイメージを考えているのは、実は私です」。皆さんからは「えーっ！」みたいな声があがりました。女性の参加者が多かったからかもしれませんが。

そうです。パフェをつくろうと言い出したのも、コンセプトやイメージを決めているのも、いくらで販売するか決めているのも、言い出しっぺは私なのです。

では、「パフェのコンセプトとは？」。答えは、「食べ比べができるパフェ」です。

さくらんぼパフェには、なるべく4品種以上のサクランボをトッピングしています。王将果樹園では30品種のサクランボを生産しています。多くて覚えきれないほどなのですが。佐藤錦は、皆さん知っていますよね？　その他に、紅秀峰、紅さやか、紅てまり、紅ゆたか、紅きらり、大将錦、高砂、ナポレオンなど、29品種あります。これらの中から、もぎたての旬のサクランボをもりもりにトッピングします。お客様はパフェを食べることで今まで知らない、食べたことがないサクランボを知ることができます。オウショウカフェのさくらんぼパフェを食べていただき、少しでも山形のサクランボのことを知っていただきたいです。

月山錦という黄色いサクランボを知っていますか？　知る人ぞ知る収穫量が少ないサクランボです。その月山錦をさくらんぼパフェのてっぺんにトッピングする時期があります。短期間なんですが、それを狙っていらっしゃるお客様がいるのです。さくらんぼパフェではなく、「黄色いさくらんぼ月山錦がのったさくらんぼパフェ」が食べたいというマニアックなお客様です。これには私もビックリしました。

ここでしか味わえない美味しさへのこだわり

カフェメニューに使用する果物は、山形県産にこだわっています。トッピングする果物だけでなく、フルーツソースにもこだわって、市販のソースではなく、自社製フルーツソースを使用します。大鍋で時間をかけてコトコト煮詰めてつくった、パフェ用フルーツソースです。このフルーツソースの原料は、生では販売できない果物を利用することで廃棄する果物を減らしています。自社製フルーツソースと旬のフルーツ、生クリーム、ソフトクリームの相性がこのフルーツパフェの生命線です。

山形県産でない果物を使用したパフェはつくらないため、旬の果物がない冬期間は、カフェはクローズしています。首都圏で行われる山形フェアなどで出張販売してほしいというお誘いをいただきますが、お断りをしてきました。ここに来ないと食べられないという商品にしたいからです。新社屋2階にラウンジをつくったことはすでにご紹介しましたが、そこに、果樹園を一望できるカウンター席があります。オウショウカフェの特等席です。私たちは、サクランボにビニールの屋根をかける作業をする際に、ハウスの上にのぼります。そこで見る雄大な景色をこの特等席から眺めることができます。私たちにとって、日常的な景色でも、お客様にとっては特別な景色だと考えたのです。

山形で、そして、果樹園の中で食べるフルーツパフェだから価値があるのではないか。パフェプラス山形、パフェプラス果樹園が、私たちが考えるオリジナルです。ラウンジのイスやテーブルは、地元の家具メーカー「天童木工」でつくられたものです。山形ならではのものに触れていただきながら、ゆっくりとファームステイを楽しんでほしいと考えています。

ももパフェ、ぶどうパフェ、りんごパフェ、なしパフェもさくらんぼパフェ同様、食べ比べができます。中でも人気なのは、ももパフェです。実は、ももパフェは、さくらんぼパフェより販売数量が多いのです。モモの人気が高いこともありますが、販売している季節もその要因です。ももパフェは、8月から9月までの暑い夏に販売しています。夏休みやお盆と重なりますし、冷たいスイーツを食べたいと感じる時期です。

パクられるほど有名になったパフェ

秋の人気パフェは、ラ・フランスパフェです。山形県天童市が生産量日本一のラ・フランス。そのラ・フランスを丸ごと1個使用したパフェです。食べ頃のラ・フランスの皮をむき、食べやすくカットしてトッピングし、ラ・フランスの軸をチョコ味の棒お菓子を使って表現しています。

2018年10月27日にラ・フランスパフェの販売を始めたところ、一気に人気商品になりました。

ある時、インスタグラムでお客様からダイレクトメッセージが届きました。「オウショウカフェのフルーツパフェが大好きで、何回も食べています。オウショウカフェのラ・フランスパフェとまったく同じパフェが他店で販売されていますのでご報告します。許せません！」こんな内容でした。「有り難いなぁ」という思いと「どうすることもできない」という歯がゆい気持ちが交錯しました。画像で確認したところ、確かにそっくり。実物も確認して、これは真似したのではなく、完全にパクったなと思いました。しかし、商標登録しているわけではありませんし、面と向かって文句は言えません。そこで、私は「うちのパフェはパクられるほど有名になった！」と講演などで話す際のネタにしています。パクったお店に絶対負けないパフェを提供しようと一緒に働く仲間に伝え、さらに努力を重ねています。「パクられるヒット商品ができたら、成功は近い！」そう考えています。

ラ・フランスパフェ

パフェを販売して気づいたこと

フルーツパフェを販売して、おもしろいなぁと思ったことがあります。それは、いらっしゃるお客様のエリアが変わったことです。パフェを販売する前は、お客様の約9割以上が県外のお客様でした。山形県人には、フルーツ狩りというサービスはウケません。山形県内でサクランボ狩りを宣伝しても、効果は限定的です。隣近所、親戚、知り合いに果樹農家がいて、サクランボやラ・フランスは買うものではなく、貰うものなのです。山形では、サクランボやラ・フランスをはじめ、美味しい農産物は子どもたちの給食にも出てきます。そう考えると恵まれた環境ですね。パフェを販売して、少しずつ認知されてきた頃、駐車場のお客様の車のナンバーを見ると、山形県内のナンバーがズラリと並んでいました。サクランボやサクランボ狩りを販売しても売れないのに、同じサクランボがのったパフェは買ってもらえることに気づきました。

ブドウやモモ、ラ・フランスでも同じです。カフェ事業は、山形県内や近隣のお客様にご利用いただける事業になったのです。平日の午後は、山形県内からのお客様がほとんどです。移動距離が短いので混雑する週末を避け、平日に足を運んでくださいます。

移動距離が短いということは、他にもいいことがあります。それは、来園回数が多くなるということです。さくらんぼパフェの次は、ももパフェ、ぶどうパフェという風に、何度もご利用いただくリピート客が増えました。中には、全てのパフェをコンプリートする熱烈なファンも現れました。

パフェメニューの新開発

パフェの販売数をさらに増やすために、パフェメニューの開発に力を入れています。最初に商品化したのは、誰でも知っていて、子どもたちが大好きな「チョコレートパフェ」。山形らしいチョコレートパフェにするため、ラ・フランスのバーチョコ（ラ・フランスをパウダーにしてチョコレートと一緒にコーンパフをコーティングしたお菓子）、地元の人気ジェラート店「コザブジェラート」のチョコレートジェラートをトッピングしました。もちろん旬のフルーツものせています。

次に商品化したのは、天童市が生産量日本一の将棋駒をテーマにした「天童将棋（こま）パフェ」。天童商工会議所のコマノミクス事業と連携したパフェです。将棋駒のお菓子、将棋の形の味付きこんにゃく、コザブジェラートの抹茶ジェラート、ロゴマーク入りおせんべい、旬のフルーツと、こちらも天童市が生産量日本一のラ・フランスゼリーをトッピングしている抹茶パフェです。

チョコレートパフェ、天童将棋パフェに続き、プリンパフェ、はちみつパフェも商品化し、カフェのオープン期間中いつでも提供できる定番パフェメニューを徐々に増やしています。複数でご来園いただくお客様は、いろんなパフェをオーダーしてシェアしています。そんなお客様に選ぶ楽しみを提供することも大事です。私たちの狙い通り、お子様はかなりの確率でチョコレートパフェをおねだりしているようです。

紅秀峰パフェ	さくらんぼ パフェ ブラック	プリンパフェ	チョコレート パフェ
朝パフェ 夏ヴァージョン	シャイン マスカット パフェ	はちみつ パフェ	天童将棋 パフェ

続けて商品化したのは、こだわりの限定パフェです。第一弾は「さくらんぼパフェブラック」。大粒のサクランボをチョコレートでコーティングしてトッピングしたパフェです。第二弾は、高級ブドウ「シャインマスカット」を使用したパフェ。種なしで皮ごと食べられるシャインマスカットは、今や数ある果物の中でも人気ナンバーワンです。大粒で甘いサクランボ「紅秀峰」だけをトッピングしたパフェもつくりました。「さくらんぼパフェブラック」「シャインマスカットパフェ」「紅秀峰パフェ」は、それぞれ1日限定5食、2000円で販売しました。土日はオープン1時間後には完売する人気パフェです。

カフェ事業の改善と躍進

週末にはたくさんのお客様にご来園いただきますが、忙しくなるとトラブルも起こります。ソフトクリームの機械の調子が悪くなったり、オーダーミスで違う商品をつくってしまったり。本来、パフェよりも早く提供できるはずのソフトクリームの提供が遅くなってしまうことも。待ち時間が長いため、お客様からお叱りを受けることもあります。注文をキャンセルして帰ってしまうお客さまも出始めました。そんな状況を鑑みて、私たちはできることから改善を重ねてきました。

オーダーから提供までをスムーズにするため、券売機を導入。ミスを減らすことができる上、データを取ることで、売上はもちろん、時間帯別のオーダー数や季節ごとの販売傾向も確認可能になりました。

　次に、呼び出しブザーを導入して、受注から受け渡しまでの流れをよりスムーズにしました。併せて、提供までの待ち時間をお知らせするようにしました。お客様にもこれからの予定があります。おおよその待ち時間がわかれば、列に並ばないでまた次回ということになります。現在はさらに進化させ、わざわざ店内に入らなくても、駐車場から見えるように信号を設置し、その信号の色でだいたいの待ち時間をお知らせしています。

　また、ソフトクリームは、形態をスタンダードなコーンタイプから底が広い置けるタイプに変更しました。そうすることで、短時間のつくり置きが可能になり、提供時間の短縮につながりました。混雑が予想される場合は、メニューを限定することでお客様の待ち時間を減らし、たくさんのお客様に提供できるようになりました。

　カフェをオープンして5年目と8年目には、それぞれ1台ずつソフトクリームメーカーを追加したことで、よりスムーズにソフトクリームやパフェを提供できるようになり、もしも機械が壊れた場合でも

パフェ加工の様子

お客さまにご迷惑をかけることがなくなりました。

　カフェキッチン内の人員配置と動線も、常に改善を繰り返しています。キッチン内にいるスタッフ全員がオーダーを共有できるよう、モニターを設置して、その画面にオーダー内容を映し出しています。

　２０１９年、カフェの売上は２１２０万円になりました。オープンした２０１５年の１５０万円から４年で14倍に成長したことになります。２０２０年はコロナの影響で売上が減少しましたが、２０２１年は増加に転じ、２０２２年は過去最高の２２００万円になりました。パフェの年間オーダー数は２００００個です。全オーダーの約75％がパフェ。オウショウカフェはまさしくパフェ屋さんなのです。

　コロナ禍の２０２０年、このカフェにオウショウカフェ史上最長、90分待ちの行列ができました。詳しくは、第６章「２　お客様が戻ってきた！」で書きます。

カフェの売上グラフ

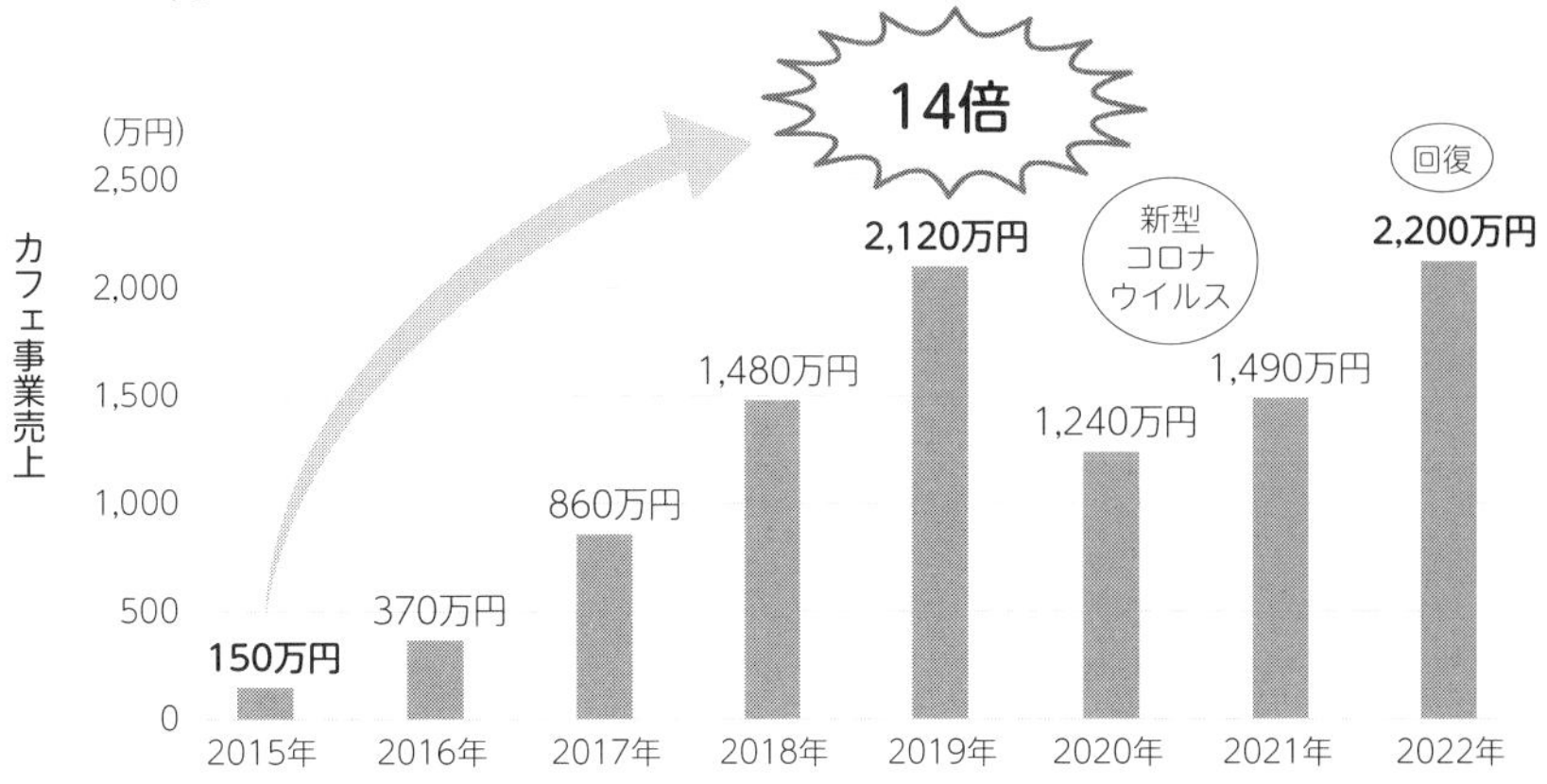

11　委託加工（ＰＢ商品）の開発――6次産業化の広がり

スモールスタートで始めよう

自社加工のカフェ事業は、順調に成長しています。当社の6次産業化事業を引っ張っているのは自社加工のカフェ事業です。

一方、委託加工でたくさんの加工商品を開発、販売しています。委託加工というのは、当社から原料を提供して、外部の加工業者に加工商品をつくってもらうことです。ＯＥＭともいわれます。ＯＥＭとは、製造業者（メーカー）が、他社ブランドの製品を製造することです。委託加工商品は、プライベートブランド（ＰＢ）と言い換えることもできます。プライベートブランドとは、小売店や流通業者、卸売業者など、本来自分たちでは商品を企画、生産しない業態の企業が独自に展開している商品のことです。小売店や流通業者、卸売業者などの「など」に農業法人（農家）が入っているイメージです。コンビニやスーパーには、ＰＢ商品と呼ばれているものがたくさんありますよね。委託加工商品は、ＰＢ商品と同じです。

委託加工をする場合に、私が気をつけている点は、規模が自社と同じくらいのパートナーを探すことです。理由は、小回りのよさとロット数です。大きなメーカーになると、ロットが大きくなりがち。売れるかどうかわからないのに、大きな在庫を抱えることはリスクです。だから、まずは小さいロットでつくって売ってみる。そして、売れ方を見ながら、発注数を増やしていきます。まったく売れなければ、販売をやめることを考えるべきです。

以前、ロールケーキを商品化したことがあります。賞味期限が短く加工賃が高いこともあり、単価が高く販売数が伸びませんでした。デザイナーにシールを作成してもらうなど先行投資を行いましたが、販売状況を踏まえて思い切って撤退しました。

以下では、当社の委託加工の事例を3つご紹介します。

委託加工ケース1 「さくらんぼリキュール」

委託加工で最初に商品化したのは、さくらんぼリキュールでした。ソフトクリームと同じように、当社のサクランボ果汁を入れています。リキュールはお酒です。蒸留酒に果物やハーブなどの副原料を入れて味や香りを移し、そこに砂糖やシロップなどを加えてつくります。

さくらんぼリキュールは、株式会社六歌仙と連携して商品化しました。高校の同級生、松岡博明氏が六歌仙のご子息だったので、お酒の加工商品について相談したことが始まりです。

さくらんぼリキュール
「光芳」

加工をする際に課題になったのは、サクランボには香りがないこと、果汁が赤くないことでした。皆さんはサクランボの香りをイメージすることができますか？　おそらくイメージできないと思います。サクランボ農家の私も同じです。サクランボの香りと味をリキュールとしてどう表現するか。そして、できれば赤いお酒にしたいと考えました。試行錯誤の末、現在販売しているさくらんぼリキュールが完成しました。

私はこの商品に、どうしても付けたい名前がありました。それは祖父の名前「光芳」です。デザイナーからは、「オシャレなお酒に光芳という名前は似合わないんじゃないですか？」と言われました。しかし、絶対譲れない気持ちがあり、お酒とサクランボが大好きだった祖父の名前を付けました。私の想いとストーリーをお客様に伝えるため、商品を紹介する「しおり」を作成して同梱しています。リキュールになじみがない方のために、おすすめの飲み方も併記しました。

委託加工ケース2「ワイン・シードル」

さくらんぼリキュールと同じくお酒ですが、ワインとシードルを月山トラヤワイナリーと連携して商品化しました。

以前から顔見知りだった大泉匡寛氏とワインについて話をする中で、お互いに課題があることがわかりました。ワイナリー側は「原料を安定的に供給してもらいたい」ということ。私たちは「自社の果物でワインやシードルをつくりたい」ということ。

　ワインの原料であるブドウは、ほとんどが契約栽培ですが、農家の高齢化と後継者不足で先々の供給量が不安です。また、ワインラベル表示のルールが変更され、どこの産地の原料を使用しているかが今まで以上に重要になってきています。そこで、ワイナリー側からどんな品種のブドウが必要なのかを聞き取り、私たちがつくることにしました。

　２０１８年春、スタッフ全員でメルローやシャルドネなどのワイン用ブドウ苗木、約４００本を植え付けました。ワインブドウづくりに適した垣根仕立てを採用し、収穫したブドウは、当社の加工原料に使用する他、ワイナリーにも供給しています。

　同じ２０１８年秋に、私たちのオリジナルワインが完成しました。原料は、今まで生食で販売してきたデラウェア、ナイアガラ、マスカットベーリーAです。

左　オリジナルワイン
　　左からデラウェア、
　　レッド、ナイアガラ
右　ワインブドウ
　　定植作業の様子

それぞれ、「デラウェアワイン」「ナイアガラワイン」「レッドワイン」として商品化しました。生食用で販売してきたデラウェア、ナイアガラ、マスカットベーリーAは、種なしで皮ごと食べられる大粒ブドウの人気の陰で消費量、販売量ともに落ち込んでいました。私たちは、そのブドウを原料にワインをつくりたい、と考えていました。生食用では、ブドウの房の形や大きさを整える必要がありますが、ワイン用の原料であれば、その必要はありません。さらに、今までの作業量を軽減することもできます。生食での販売も継続していますので、生食用と加工用で生産管理を分けています。

月山トラヤワイナリーには以前から、デラウェアワイン、ナイアガラワイン、赤ワインという商品がありましたので、私たちの原料を供給して、その中の一部を使ってつくっていただいたワインを委託加工商品のオリジナルワインとして納入していただく仕組みをつくりました。デザイナーと考えた当社専用のワインラベルを貼っていただいています。

リンゴを原料としたシードルは、別の加工業者でリンゴを搾って果汁にしていただいた上で、その果汁をワイナリーに持ち込み、シードルに加工していただいています。1次加工で果汁に、2次加工でシードルにする流れです。

リキュール、ワイン、シードルのことを書きましたが、私がなぜお酒に目をつけたかというと、お酒には賞味期限を表示しなくてもいいからです。加工商品には、賞味期限を表示する必要があります。賞味期限までに売れなければ、商品価値がなくなります。お酒は、在庫リスクが少ないと感じたのです。

お酒の他にアイスクリーム類も賞味期限がありません。ジェラートやアイスポップ（アイスキャンディー）を商品化したのも、お酒を商品化したことと狙いは同じです。

委託加工ケース3「さくらんぼ大福・アイスポップ」

続いて、「さくらんぼ大福」を商品化した時のことを紹介しましょう。

山形で一番有名な「いちご大福」を製造販売してる「菓道八右エ門」というお店があります。1月から5月頃までは、いちご大福のシーズン。行列ができる超有名店です。

ある時、そのお店で働く方が、私の同級生と幼馴染みだと知りました。その方も私と年が同じだということも。

私は、イチゴとサクランボはよく似ているので、イチゴの代わりにサクランボを入れて「さくらんぼ大福」をつくったら売れると考えていました。早速、同級生を通してアポイントを取り、相談しました。すると二つ返事で、試作をつくってくれることになったのです。できあがってきた試作は、見た目もかわいくて味も美味しい、とってもいい仕上がりでした。すぐに商品化して、初年度はラベルなしで販売。2年目以降は、ラベル、箱を作成して本格的に販売を始めました。2L以上の大粒のサクランボを中に入れた「さくらんぼ大福」は、食べごたえがあり、白あんとサクランボがとてもよく合います。しかし、この商品は、賞味期限が短いことが課題でした。製造から1日しかありません。そこで、お客様がたくさんご来園いただける週末限定で販売することにしました。

「さくらんぼ大福」は、6月下旬から7月上旬の週末に販売しています。この時期は、菓道八エ門の閑散期に当たるそうです。「いちご大福」で忙しい時期であれば、委託加工をお願いすることは不可能だったと思います。このように、加工業者の皆さまとウィンウィンの関係を構築することが、6次産業化を推進するポイントです。

菓道八エ門との連携は、アイスポップ（アイスキャンディー）へと続きます。「いちご大福」に入れられなかった原料を冷凍しておいて、夏場にイチゴのアイスキャンディーにして販売しているのを見て、サクランボ、ブドウ、ラ・フランスで同じような商品をつくれないか相談したのです。商品化するにあたっては、できればサクランボのアイスキャンディーは見た目を赤くしたいと考えました。しかし、サクランボの果肉は白色の品種が多く、果汁にしてもリンゴジュー

ジェラート・アイスポップ

さくらんぼ大福

スと同じような色になります。そこで注目したのが赤肉品種のサクランボ。その代表的な品種は「紅さやか」です。早生品種で、樹上で完熟すると果皮が濃い紅色に変化します。この状態のサクランボなら、赤い色の果汁が出るかも知れないと考え、実際に搾ってみると予想通り、今までとは違う赤い果汁が出ました。また、煮詰めてフルーツソースにしても、同じように赤く仕上がりました。さらに紅さやかは、酸味がある品種なので加工向きです。紅さやかは前述の通り、早生種で酸味がある品種なので、サクランボ狩りのお客様には人気がなく、毎年収穫されず残っていました。紅さやかを搾った果汁を使用することで、赤い見た目のサクランボアイスキャンディーができました。

現在では、サクランボ、ブドウ、ラ・フランスの生の果実と果汁を持ち込んで、くずを使用してアイスキャンディーに仕上げてもらっています。

6次化は1次×3次×2次で

私たちは汎用性の高い6次産業化モデルを目指しています。

サクランボは生で保存するとしたら、冷蔵庫に保管してもせいぜい1週間が限界です。サクランボを1次加工で冷凍サクランボ、サクランボジュースにします。そこから、2次加工で、サクランボジュースをソフトクリームやリキュールにしています。ソフトクリームができればパフェに応用可能です。

冷凍サクランボは、ソフトクリームのトッピング、フルーツソース、ジェラートの原料に活用しています。ジュースがなくなった時には、冷凍サクランボをジュースに加工することも可能です。

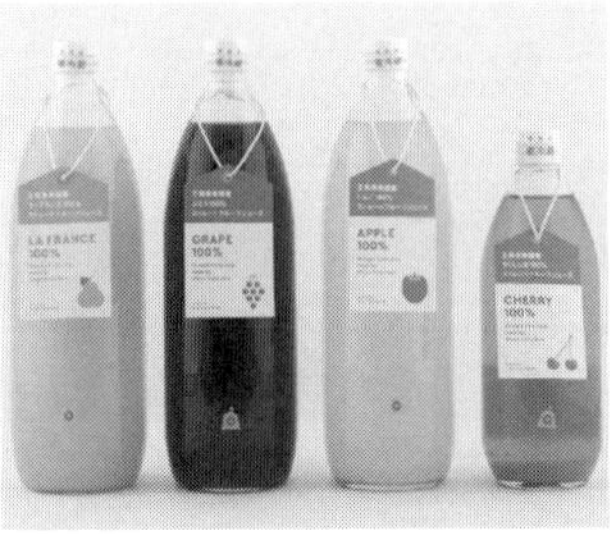

オリジナル 100%ジュース	5656ゼリー さくらんぼ ラ・フランス りんご
フルーツソース はちみつ	さくらんぼ ドーナッツ

冷凍サクランボ、サクランボジュースは、そのままで販売することもできますし、加工原料とすることもできます。常時、確保しているので、いつでも新商品の開発に着手できます。

6次産業化を進めてきて、外部から評価をしていただく機会が増えました。「やまがたふるさと食品コンクール」では、優秀賞を2度いただきました。6次産業化優良事例表彰では、農林水産省食料産業局長賞、優良経営体表彰6次産業化部門では、農林水産大臣賞をそれぞれ受賞しました。

「6次産業化を進める上で大事なことは何ですか?」という質問をよく受けます。その際、私は、「一般的に6次産業化は、1次（生産）×2次（加工）×3次（販売）で進めようとするが、1次（生産）×3次（販売）×2次（加工）で進めたほうがいい」と答えます。自分でつくった農産物をそのまま自分で売って、販売するルートを確保してから加工商品をつくるということです。農産物は、いろいろな販売ルートで売ることが可能ですが、加工品は販売ルートが限られています。安易に加工事業を始めることは、リスクだらけなのです。

また、加工原料や人件費を原価計算に入れず、安易に値付けしているケースを見受けます。これでは絶対に儲かりません。こんな加工商品をつくるなら、規格外品として生のままそれなりの単価で販売したほうがましです。「みんながやっているから」という罠には決してはまらないでください。

最近気づいたことがあります。祖父が果樹農業を始め、父が観光果樹園を立ち上げ、私が6

次産業化を推進しました。この流れが、1次（生産）×3次（販売・観光）×2次（加工）になっていたのです。6次産業化で外部から評価をいただいているのは、祖父や父が舞台をつくってくれたからなのです。

12 新社屋──ずっとやりたかったこと

2016年4月に念願だった新社屋が完成しました。約7000万円の投資です。山形県の「元気な6次産業化応援プロジェクト事業」という補助金をいただき、日本政策金融公庫の融資、スーパーL資金を活用しました。

建設準備は徐々に進めてきましたが、隣接していたサクランボ園地を譲っていただいたことで投資を決意しました。前述しましたが、そのサクランボ園地があることで、私たちの所有地が見通せず、新社屋を建設しても、幹線道路から見えなかったのです。祖父も父も絶対に欲しかった農地であり、当社の大きな課題でもありました。私は、思い切って農地を所有する方のご自宅へお伺いして、素直にお願いしました。その農地を所有していた農家の方だって、私たちのお客様の車が停まっている駐車場の隣で農業をするのは不便だったと思います。草刈や農薬散布などにも気を使わなければならないからです。「売っていただける」という回答をいただき、本当にうれしかったことを思い出します。父や母も喜んでくれました。

視界が広がった駐車場	旧社屋外観
ショップ内観	新社屋外観

２０１３年5月、購入した農地を駐車場として整備しました。その結果、幹線道路からの視界が劇的に広がりました。

下水道整備という課題もありました。下水道につなげなければ、浄化槽を設置する必要があります。浄化槽だけで数千万円の投資になります。もうすぐ下水道が当社の敷地まで入るという情報があり、それまで待つべきか、すぐにでも浄化槽を入れて建設を急ぐべきか悩みました。私は、下水道が入るまで建設準備をしながらじっくり待つことにしました。建設を急いで浄化槽に数千万円投資して、数年後に下水道が入り、その投資が無駄になることは将来的にプラスにならないと判断したのです。それから2年後の２０１５年、下水道が敷地内に入りました。着々と準備を進めていたので、迷いなく新社屋建設を決心しました。

当初は、新社屋建設に補助金を活用するつもりはありませんでしたが、ある日、山形新聞を読んでいると、山形県でオーダーメイド型の６次産業化向け補助金の募集を始めることを知りました。「これは使える」と思いましたが、申請の締切りが10日後に迫っていました。急いで天童市役所農林課へ連絡し、申請する意志があることを伝えました。顧問税理士や設計士、建築関係の方々にお手伝いいただき、何とか申請書をまとめて提出しました。

しかし、ここからが通常の補助金と違いました。山形県の農林水産部の職員や有識者の方々を前にプレゼンをしなければならなかったのです。そんなことは新聞に説明がなかったので、ビックリ！　天童市農林課の担当者と2人で山形県から指定された会場へ行くと、顔見知りの農協職員がプレゼンしていましたが、おそらく、一農業経営者としてこのプレゼンに参加しているのは私たちだけだったと思います。有識者の代表は、有名な大学教授とその他に関係者が10名以上いたと記憶しています。その方々の前で、新社屋のイメージ模型と目指している6次産業化事業モデルを説明しました。何を話したかはあまり覚えていませんが、一生懸命にお話しして、熱意だけは伝わったと思います。

プレゼンの後、有識者の方々から質問をいただきました。最後に、代表の教授が「果樹でここまでやっているのはすごいんじゃない。これからもがんばってください」と言ってくださりました。ということで、無事、補助金の採択が決定しました。

それから約1年後、新社屋が完成してすぐに、プレゼンでご一緒した有識者の皆さまが視察にいらっしゃいました。私のことを覚えていてくださり、お声がけいただき、お褒めの言葉を頂戴しました。

新社屋の狙いとこだわり

就農してからずっとやりたかった新社屋建設。その狙いは2つです。1つ目は、ご来園いただくお客様により快適にお過ごしいただくこと。2つ目は、一緒に働く仲間たちが、楽しく作業できる環境をつくること。

新社屋建設を目指す中で、私のイメージに合う建物を探すため、北海道から沖縄までたくさんの施設を視察しました。視察を通して、私の頭の中にできた具体的イメージを設計士の古澤裕之氏にぶつけ、設計図を書いてもらいました。

設計をしていただく中でこだわった点が3つありました。事務所を建物のセンターに配置すること、2階に果樹園を見渡せるラウンジをつくり、カウンター席を設けること、従業員専用のトイレとシャワールームを設けることです。2階のラウンジ、従業員専用のトイレとシャワールームは希望通りに進みましたが、事務所の配置には設計士から待ったがかかりました。私が事務所として希望した建物のど真ん中の位置は、新社屋の一番目立つ場所で、売り場として売上を稼ぐべき場所だと言うのです。確かに、スーパーやドラッグストアなどでは、事務所はバックヤードの目立たない場所にあります。

しかし、私は、事務所を建物の中心に配置することについて、絶対譲りませんでした。今回の建物は、スーパーやドラッグストアではなく、私たちの新拠点なのです。私には事務所をセンターに配置することがベストだという根拠がありました。それは旧社屋での経験です。旧社屋の事務所は建物の一番奥にあり、まさに、バックヤードのような位置でした。その事務所にいたら、お店がどんな状況か、出荷がどんな状況かまったくわかりません。お客様がいらっしゃっても、気づかないような場所に事務所があったのです。設計士には、私の狙いを納得していただき、希望通り事務所を建物の中心に配置していただきました。

実際に新社屋が稼働して感じたことは、従業員の動線が改善されたということです。事務所

新社屋建設

- お客様がより快適に長時間滞在する工夫
- 販売・加工・飲食・出荷・事務所を一体化
- 従業員が働きやすい環境づくり

旧社屋

新社屋

観光果樹園、直売所のカッコ悪いイメージ → イメージを壊す → カッコいい農業、儲かる農業を目指す

が真ん中にあることで、右側のショップ&カフェ、左側の出荷場、どちらにも短時間で移動可能になりました。事務所から駐車場への視界が開けたことで、お客様に対する初動が早くなりました。

また、女性従業員を中心に要望を受けていた従業員専用トイレは好評です。従来は、お客様と一緒のトイレを利用しなければならず、「使いづらい」という声がありました。

2階ラウンジについては、私たちのキラースポットになりました。大事なお客様は、必ず果樹園を一望できるこのカウンター席にご案内します。お天気がいい日には、月山をはじめ、山形の山々を眺めながらスイーツを味わうことができます。

新社屋建設にあたって気をつけたことは、忙しい時のキャパシティに合わせないことです。店舗の広さ、席数などをトップシーズンの需要に合わせて設計することもできましたが、あえてしませんでした。理由は、5月から11月までの季節限定で営業していること、トップシーズンは、ほんのわずかな期間であることです。ほんのわずかなトップシーズンのため

果樹園テラス

カフェラウンジカウンター席

に過大投資をすることはリスクだと考えました。施設の規模を大きくすると、ランニングコストも大きくなります。例えば、日々の掃除などは、広ければ広いほど負担になります。トップシーズンは、屋外に席を設けたりすることで対応可能です。屋外に果物狩りの受付、売り場、テント席、芝生席、テラス席を設けています。お客様が増えてどうしようもなくなったら、そこであらためて増築を考えます。

また、団体客向けでなく個人客向けの施設にすることを意識して設計しました。近年、団体客は右肩下がりの状況で、個人客は、団体客が立ち寄る施設を敬遠する傾向にあるからです。一方、団体客は個人客が好む施設でも関係なく立ち寄ってくれます。個人客にターゲットを絞り、個人客が立ち寄りたくなる施設を目指しました。

既存施設を有効活用する

新社屋建設に伴って、以前からあった建物の活用方法をあらためました。

新社屋左側の建物は、従来、資材倉庫でしたが、2階に休憩室、1階にミーティングルームを設け、新社屋の出荷場で間に合わない出荷作業をするため、1階を第2出荷場として稼働させました。また、引き続き倉庫機能を持たせ、第1倉庫として併用しています。旧社屋は、第2倉庫にして、主に農業関係で使用するものを保管しています。新社屋にこのような機能を全て持たせようとすれば、建設費が倍以上になったと思います。使用できる建物は役割を変えながら使い続けることで、投資金額を抑えることができます。

新社屋の外観は真っ白で、一見果樹園には見えません。外壁も地元産にこだわり、山形県の企業アイジー工業で製造されたものを使用しています。外観の配色、ショップ&カフェの壁や床、商品展示棚、ラウンジのイス、テーブル、ライトのセレクトや配置は、デザイナーの萩原氏のアドバイスを受けました。建物を建てるためには、様々なことを決めなければなりません。私たちは、何となくとか、好きな色だからとか、適当に決めてしまいがちです。実際、私も様々な色を配色しようとしていました。デザイナーの萩原氏からは、「外観は白を中心に、赤はワンポイントで、ロゴマークだけでいい」というアドバイスをいただきました。外観、内観を含め、使う色を限定することが飽きのこないデザインだということです。デザイナーは専門的な勉強を重ねているため、その言葉には根拠があります。私の何となくという選び方とは、まったく違います。あの時、アドバイスを聞きに行って、そのまま素直に受け入れてよかったです。

しかし、全てがうまくいったわけではありません。看板を照らすライトに虫が集まって、事務所内も虫だらけになったことがあります。果樹園の中にある建物なので、そうなることも考えるべきでした。それ以降、看板を照らす明かりは、虫がいなくなる冬期間だけ点灯させています。事務所の出入り口に網戸を付けて、虫が入って来ないようにもしました。

建築を担当していただいたのは、同級生の川口隆氏です。設計士の免許も持っていて、いろいろなアドバイスをいただきました。板金工事、電気工事、内装工事、空調工事、水回り工事、外構工事など、建築に関わる各工事は、いつもお世話になっている方々にお願いしました。皆さまには、今も私たちのパートナーとして、応援していただいています。

13 規模拡大——5ヘクタールから約10ヘクタールへ

２００1年に山形に帰って来た時の栽培面積は5ヘクタールでしたが、２０２０年は約10ヘクタールになり、約20年で2倍になりました。就農した頃、「この辺りの農地は、間もなく全部お前のものになるぞ」と父から言われたことがあります。しかし、そんなに簡単に規模拡大はできませんでした。

山形の果樹農業は、サクランボを中心に単価も高く、いい収入源です。家族経営、兼業農家でも「贈答」といわれるいいお客様を持っています。サラリーマンをしながら早朝と土日は農業をする人もたくさんいて、退職したら専業農家になる方も多いです。私の父世代、いわゆる団塊世代の方々は、そうやって山形の果樹農業を支えてきました。

しかし、私の世代、いわゆる団塊ジュニア世代は農業に携わる人が少なく、収入より休み、仕事より家族との時間を大事にする人が増えています。そのため、農家を継ぐ人が少なく、農地を手放す人も多くなっています。祖父世代が引退した時にも少し農地が集まりましたが、団塊世代が70歳をむかえたここ数年は、一気に農地が集まり規模を拡大できました。

２０１７年の栽培面積は６ヘクタールでしたので、16年間で１ヘクタールしか増えていませんでしたが、そこから６年で一気に４ヘクタール増えたことになります。近隣で観光果樹園を経営していた２つの農家を含め、３つの農業経営体からほぼ全ての農地を引き継いだためです。

以下では、その事例をご紹介しましょう。

規模拡大ケース１「近隣の観光果樹園を人付きで」

２０１８年、すぐ隣で観光果樹園を経営していた方を当社に雇用して、農地は農地中間管理機構を通して借りました。

就農当時と現在の栽培面積

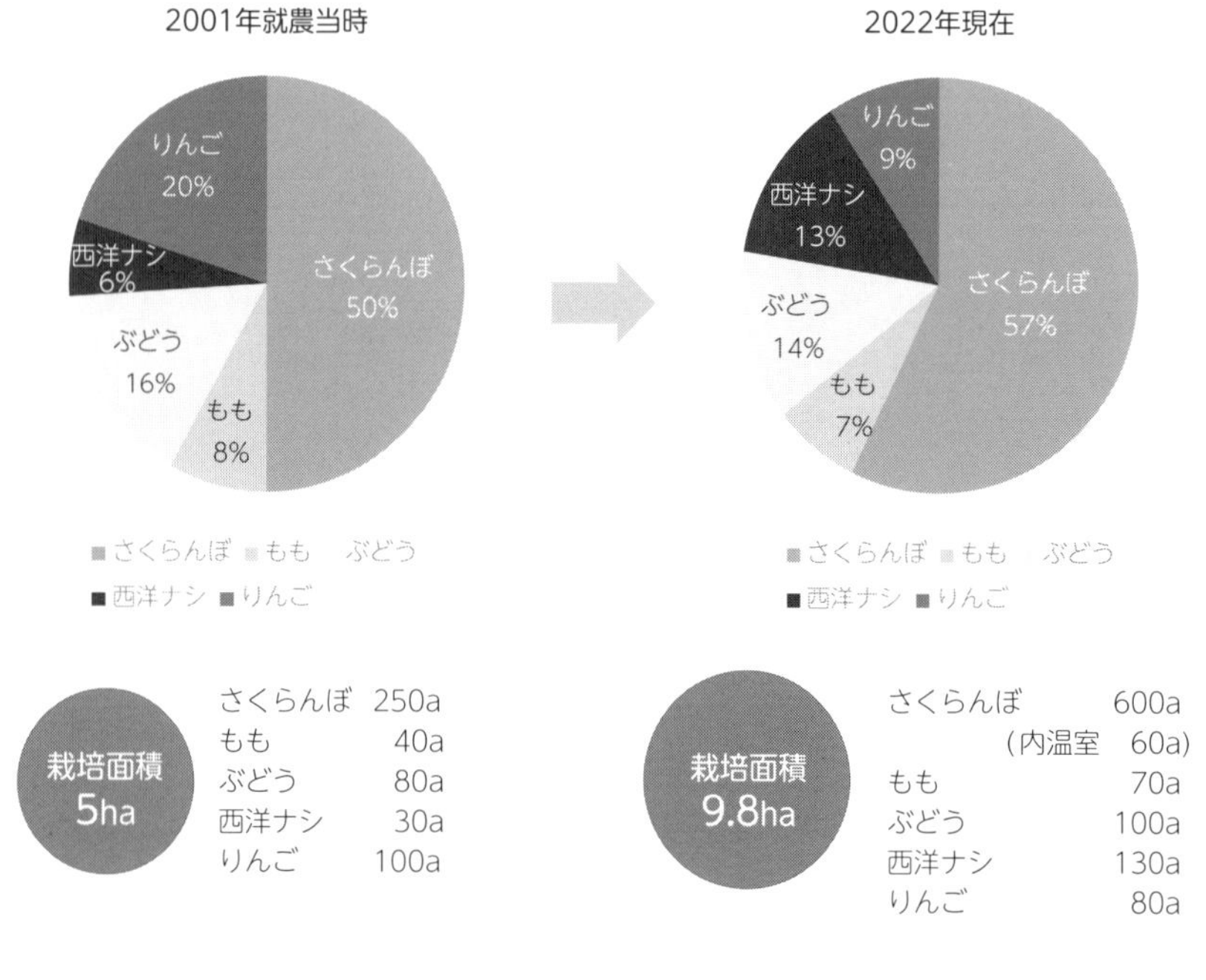

農地中間管理事業は、高齢化や後継者がいないなどの理由で耕作できない農地を借り受け、担い手農家に貸し付ける国の制度です。「農地中間管理事業の推進に関する法律」に基づき、担い手への農地集積・集約化を推進するために実施されています。農地中間管理機構は、2014年に全都道府県に設置されました。農地中間管理機構を活用することで、農地の出し手、受け手双方にメリットがあります。農地の出し手には集積協力金が交付され、賃借料は農地中間管理機構がまとめて支払います。農地の受け手は、農地を長期間安定して借りることができ、地主が多数いても、契約は農地中間管理機構とだけなので、賃借料の支払いなどの事務手続きが軽減されます。その他にも、様々なメリットがあります。

雇用した方は50代男性。果樹栽培を学ぶ学校を卒業した後、ずっと果樹農業をしてきた経験豊富な専業農家です。ご両親と農業をしていたのですが、ご両親は高齢になっており、自分に何かあったら代わりがいません。今後も後継者がいないということで、私にお声がけいただきました。栽培面積は約1・5ヘクタール。通常の農地集積と違い、人が付いてくる規模拡大のケースです。

私たちの課題は、技術力と経験値でした。父や母はすでに現場から引退していて、専務（実弟）が先頭で現場を担当していましたが、規模拡大をすれば、目の届かない所が出てきます。しかし、当社の年齢・性別分布を見ると、当時、50代の男性は居ませんでした。私の理想としている従業員の年齢構成は、どこかの年齢層や性別に集中しないで、満遍なくいることです。

条件面や一緒になった後の農業経営について、打ち合わせを重ねました。具体的には、給料や農地の賃借料、働き方、今までの顧客の扱い方などです。

雇用する上で気になっていたのは、私たちの既存メンバーとうまくやっていけるかどうかでした。はっきり言うと、今までライバルだった観光果樹園の園主です。馴染むまでには時間がかかるかなと考えていましたが、そんな不安は必要ありませんでした。そのきっかけは、毎年1月に行う社員研修旅行でした。正式に雇用する前の2018年1月の社員研修旅行に参加してもらいました。行き先は北海道。旭川と札幌に宿泊する3泊4日の行程です。北海道では、大型バスに乗って移動しながら研修し、既存メンバーとずっと一緒でした。楽しい時間を共有することで徐々にとけこむことができたようです。研修旅行の終わり頃には、一緒に働く仲間としてすっかり受け入れられたような雰囲気でした。旅行には不思議な力がありますね。

2018年4月から正式に当社の正社員として雇用し、生産面を中心に活躍していただいています。顧客リストの取扱いや生産管理方法の違い、所有備品の買取りなどの課題もありますが、おおむね順調に融合が進んでいます。中でも、農業生産面での貢献が目立ちます。若いスタッフが多いので、技術の伝承は欠かせませんし、時間もかかります。農業生産面に特化した人材が入って、手本となり、指導してくれることは、人材育成の上でプラスになりました。時には、作業の進め方でぶつかりますが、お互いの意見を出しながら、工夫して新たな方法を見つけていくことで、より効率が上がり、結果的に美味しい果物を収穫することにつながります。

私には、この融合を絶対に成功させたいという強い思いがありました。それは、近隣の農家の皆さんの見る目があったからです。今のままでいいという保守的な農家が多い地域で、農地を面的に集積して、規模と販売の拡大を目指す私たちの存在は浮いていると感じていました。しかし、この地域には、将来的に後継者不在で農業経営ができなくなった場合の受け皿が必要であり、私たちはその受け皿になれるように努力を重ねています。この取組みは、この地域の農地を守るモデルケースになり得ると思っています。

規模拡大ケース2「近隣の観光果樹園を繁忙期直前に」

それから2年後の2020年5月に農地が1・6ヘクタール増えました。こちらも近隣で観光果樹園をしていた農家からの依頼でした。理由は、園主の健康状態によるもの。突然のことで驚きましたが、私の両親と良好な関係であり、農地が隣接していることから引き受けることにしました。

その前から、健康状態が悪化したとのことで、その年の剪定作業を請け負っていたので、園地と果樹の状況はだいたいつかんでいました。園主の方の年齢が高いこともあり、私たちの剪定のやり方とは違い、樹高が高く枝が多く残っていたため、どの枝を切ったらいいかわからず、スタッフののこぎりが動きませんでした。ベテランを中心に、大枝を切り、樹を低くして、園地全体を明るくすることを目指し、樹が混み合っている場合は、間伐して樹と樹の間合いを取りました。剪定をしている時には、まさか私たちがその園地を引き継ぐことになるなんて、考えていませんでした。

正式に「お願いしたい」とお声がけがあったのは、サクランボの収穫まであと1ヶ月くらいの頃で、他にも借りる農地が増えていたため、タイミング的には最悪でした。でも、前述したように、農地の場所は隣接しており、断る選択はありません。こちらも農地中間管理機構を通して契約しました。

逆に、私たちがつくるより他の人につくってもらったほうがいい農地が2ヶ所ありました。その農地はお断りして、つくりたい農家を探すという判断をしました。

地域全体の農業を考えた場合、無理をして全ての農地を借りるより、譲るところは譲って、お互いに隣接園地を集積・集約していくほうが未来は明るいです。戦国時代のように土地の取り合いをするのは非現実的で、自分で自分の首を絞めるようなものです。

一つの農地はすぐに借主が決まりましたが、もう一つの農地はなかなか決まりませんでした。農地の場所が私たちの地域から外れていたため、近隣では該当者が見つからず、知り合いにもお願いして探してもらいました。最終的には、隣の東根市の若手農家が手を挙げてくれ、聞いてみると私の小中学校の後輩で、お兄さんも知っている方でした。

2ヶ所の農地の借り主が決まり、貸し主も喜んでくれました。もし、借りてくれる農家が見つからないと、自分で最低限の管理をしなければなりません。そうしないと、まわりの農家に迷惑をかけてしまうからです。草刈や防除などを怠ると、病害虫が発生したり野生動物が増えたりして、自分の農地だけでなく、まわりの農地にも被害が出ます。基本的に農地を借りられるのは農家だけですが、農家の数が減っているので、農地を借りたい農家も減っている状況です。最近問題になっている耕作放棄地は、このような様々な状況が絡み合って発生しています。

借りた農地には、サクランボ、スモモ、ブドウ、セイヨウナシ、リンゴが植えてありました。だいたいの状況はわかっていても、どんな果物が収穫できるか、雨よけハウスなどの付帯施設の状況もわかりません。1年を通じた作業で状況をつかんでいく中で、サクランボの雨よけハウスは老朽化が進んでいることがわかりました。高い場所での作業があるので、ハウスの老朽化は怪我に直結します。また、植栽間隔が狭いため、園地全体が暗く、作業効率が悪く、着色が進まないこともわかりました。スモモは生産管理が行き届いていなかったため、このままつくり続けることは不可能と判断。ブドウの品種は従来種が多く、雨よけハウスがかかっていない樹が多いため、利益を取ることは難しいことがわかりました。セイヨウナシは、老木が多く、園地が点在していましたが、大玉で品質がいい果実が収穫できました。リンゴは、わい台という台木を使った樹で、ふらん病に感染している樹が多く、枯れている樹も多く見当たりました。

サクランボの雨よけハウスは建て替えること、ブドウはモモとサクランボに改植すること、リンゴはサクランボに改植することを決断し、2年かけて順次改植作業を進めました。

サクランボの雨よけハウスの建替え、改植については補助金を活用しています。というのも、サクランボの雨よけハウスの建替えは多額の投資です。補助金プラス制度資金の組合わせで対応しています。

園主の方は健康上の理由から働くことはできませんが、奥さんにはサクランボの箱詰めやブドウの笠紙かけなどの軽作業をお手伝いしていただいています。友好的な農地集積だったので、今まで通りのお付き合いを継続できています。

規模拡大ケース3「農地・家屋・小屋をセットで」

2018年、50アールの農地と家屋、小屋を購入しました。農地はできれば買わずに借りたいという考えですが、このケースは特別でした。

建物の購入代金は、減価償却を通して購入後の各事業年度に費用として処理できます。一方、土地は購入しても減価償却できないため、費用処理されることなく、資産として貸借対照表に計上されたままです。建物は年数を経て老朽化しますが、土地は使用されたとしても価値が減ることはないという考え方です。建物と同様に、土地を購入すると購入代金が発生するにもかかわらず、この購入代金は費用にならないということに納得のいかない部分もありますが、会計、税務上のルールですので受け入れるしかありません。

家屋と小屋、一部の農地は、当社から100メートルほどの場所にあり、当初、小屋と農地は使い道があると考えていましたが、家屋についてはお断りするつもりでした。しかし、家屋内を確認すると、おばあちゃんが1人で住んでいたということで、築20年とは思えないくらいきれいな状態でした。おばあちゃんが高齢になり、離農して老人ホームに入るというのがこの集積のきっかけでした。

家屋の隣にある小屋には農機具を入れていたようで、当社も農機具を使うことが増えてきているので、同様の使い道があります。農地は、様々な果樹が植えてあるような混植園とサクランボ園地です。農地については2ヶ所とも当社管理園地の隣接園だったことから受入れ可能です。できれば、農地、家屋、小屋を全てまとめてお願いしたいとのことと、提示された金額も想定内だったので、法人として購入しました。

農地などを借りる時、購入する時は、法人名で処理しています。祖父や父は、個人名で購入していたようです。現在は、父名義の土地を法人で借りています。今はそれでいいのですが、将来、父名義の土地が相続され、法人で使用できなくなることがあるかもしれません。法人で土地を所有しておけば、そういう問題は起きません。いずれ、父名義の土地を法人で購入することも視野に入れています。土地は買うものじゃないと書いておいて、矛盾していますが、絶対に他人に渡せない土地は、購入しなければなりません。祖父や父が購入してきた土地は、まさに当社にとって絶対に必要な土地です。私の目の黒いうちは問題ないと思いますが、子や孫の代で相続問題が起きないとは言い切れません。

農業経営にとって土地は製造工場のようなもの。土地がなければ、商品ができず、売上も見込めません。また、果樹農業は樹があります。植えてすぐにお金になる農業と違い、先行投資が必要で、今まで生産してきた土地がなくなって、はい次の土地ということにはならないのです。持続可能な果樹農業経営を実現するため、安定的に農地を利用できるように前倒しで準備を進めるようにしています。

この時、購入したサクランボ園地は、2020年に4番目のサクランボ温室ハウスとして生まれ変わりました。温室栽培を行う場合、必要なものが水と電気です。散水設備と加温設備を導入するためです。このサクランボ園地は家屋の隣だったため、水も電気も容易に準備できました。もう1ヶ所の農地は混植園で作業効率が悪いため、全て伐採、抜根して、2018年にワインブドウを新たに植えました。

小屋はそのまま農業機械倉庫として使用し、家屋は研修棟としてリニューアルし、視察や研修生の受入れ、従業員の懇親会、宿泊などで活用しています。

3つの農地集積ケースを振り返ってみると、2018年から2020年の3年間で、近隣の2つの観光果樹園と1つの農家を統合しました。巷では、M&Aと呼ばれる合併と買収が数多く行われており、買収には、敵対的買収と友

研修棟外観

好的買収があります。農業の場合、地域と人と農地が結びついているので、友好的に統合することが重要です。

大きな規模拡大となった3つのケースですが、今のところ順調です。当社が管理する農地との位置や樹種などの関係性を再度検証し、さらに面的集積と樹種の集約を行い、生産性を上げていきます。

14 社員研修旅行——仲間の素顔を知る

社員研修旅行は、2011年から始めました。最初の年は、栃木県に日帰りイチゴ狩りツアーへ。サクランボ狩りには日帰りツアーでいらっしゃるお客様が多いので、私たちも体験してみようと思ったのです。この日はたまたま大雪の日で、行程が予定通りに進まず、朝5時出発で帰りは日をまたぎ、0泊2日の弾丸ツアーになりました。その後、高速バスやスキーバスの事故を受け、運行ルールが変更され、このような日帰りツアーはなくなりました。翌年からは、3年連続で東京ディズニーリゾートへ。日本一のテーマパークを体験して、日本一のサクランボ観光果樹園をつくるためのヒントを探しました。その後は、大阪、九州、沖縄、北海道、千葉・茨城へ行き、各地の農業関連の施設を視察して関係者の方と意見交換しています。コロナ禍では、宿泊や飲食を伴う研修をなくし、山形県内のマイクロツーリズムを体験するなど工夫をすることで、中止することなく実施しています。

私の狙いは、研修旅行を通してチーム力を高めることです。同じ釜の飯を食い、酒を酌み交わし、一緒にお風呂に入り、寝る。同じ時間を共有することで、お互いのことを深く知り、普段の素顔を見ることができ、いつもは聞けない声を聞くことができます。その声を参考に商品開発をしたり、働き方の仕組みを変えたりしています。あとは、私自身が旅をすることが好きなんですね。小さい頃から旅をさせてもらったことが要因かもしれません。旅先で経験したこと、感じたことで、山形の良さをあらためて知ります。山形に求められていること、私たちに求められていることを再発見できます。これからもできる限り、社員研修旅行を続けていきます。

なぜか旅行の話題は、いつになっても盛り上がりますよね。楽しい思い出がチーム力を上げることは間違いありません。「またみんなで旅行に行こう！」という気持ちは、仕事に対するモチベーションにつながります。

15　果樹生産――サクランボで年間売上の6割を稼ぐ

サクランボに特化する理由

当社の果樹生産の柱はなんと言ってもサクランボ。生産面積の約6割がサクランボで、売上の割合も大きく、サクランボで外すとつぶれてしまうような農業経営です。にもかかわらず、なぜ、サクランボに特化した経営をしているのか。理由は2つあります。

1つ目は、サクランボは山形県が日本一の生産量を誇る特産品だからです。私たちがPRしなくても、日本中の消費者が知っています。サクランボを販売する上で非常に有利です。

2つ目は、サクランボの収穫時期です。サクランボの収穫時期は6月から7月、果樹の開花期は4月下旬から5月上旬です。サクランボに限らず、ラ・フランスやリンゴなどその他の果樹もこの時期に花が咲きますが、収穫時期は違います。サクランボは、満開期から50日から60日で収穫できますが、ラ・フランスやリンゴは、満開期から収穫まで170日から180日かかり、サクランボと比較すると約3倍です。その間、果実を樹にならせておかなければなりません。地球温暖化の影響で異常気象が常態化しており、集中豪雨、降雹、竜巻などの自然災害リスクが大きくなっています。また、9月以降は台風シーズンになり、この時期になると、天気予報とにらめっこの日々です。一方、サクランボは、台風シーズンには収穫が終了していますので、樹になっていません。サクランボは樹になっている期間が他の果物よ

佐藤錦

り短いのです。私たちがサクランボをつくっている大きな理由です。

サクランボづくりはまずならせること

実は、サクランボは他の果樹より結実率が悪く、その年によって「なる、ならない」の差が激しい樹種です。サクランボづくりの基本は「まずならせること」。ならせる技術が必要です。サクランボだけではありませんが、果樹の結実の善し悪しは開花期に決まります。開花期の天候がよく、訪花昆虫が活発に動けば、結実良好になります。健全な花芽であることが第一条件ですが。そこで、私たちがより安定的なサクランボの収穫量を確保するために行っているのが、人工授粉作業です。人間が訪花昆虫の代わりをするのです。鳥の羽でできた毛ばたきと呼ばれる道具を使って、花から花へ花粉を付けていきます。人工授粉は、すぐに結果が見えない地道な作業ですが、サクランボづくりでは絶対に欠かすことができない工程です。

サクランボが結実不良になる原因として、晩霜被害があります。晩霜被害とは、開花直前の強い低温

サクランボの
人工授粉作業の様子
(2022.4.26撮影)

でめしべが枯死することで、こうなると、いくら開花期の天候がよくても結実しません。天気がよくなりそうな日の朝、放射冷却現象によって晩霜被害が出ます。

当社では、晩霜からサクランボの花芽を守るために、散水氷結法という防霜対策を行っています。散水氷結法とは、樹上からスプリンクラーで散水し、サクランボの樹を凍らせて晩霜から守る技術です。散水した水が氷結する際に放出する熱を利用することで0度付近を保持し、甚大な霜害が発生するマイナス3度以下にならないようにします。晩霜被害が出そうな日は、花芽を凍らせるために早朝3時頃から散水を始めます。

自動灌水システムを導入して、気温が3度を下回ると散水がスタートするように設定しています。散水した朝は、樹全体が凍り、太陽光にピカピカ反射して綺麗な光景を見ることができます。8時くらいから気温が上がってくると、自然に溶けていきます。

その他の防霜対策としては、園地を暖める方法がありますが、ビニールで園地を囲う必要があり、効果にムラが出やすく、灯油代などのコストも大きいのがネックです。お茶栽培などで使用している防霜ファンを活用していた時期もありましたが、強い霜の場合、逆に被害を大

散水氷結法により凍らせたサクランボの花芽（蕾）
（2018.4.14撮影）

きくしてしまうため、撤去しました。

また、サクランボの収穫期に他の果樹の作業が重ならないように工夫しています。サクランボの収穫前にサクランボ以外の管理作業を終わらせて、サクランボの収穫、出荷に集中できるような環境をつくります。サクランボ以外の果樹をつくる場合は、サクランボの邪魔にならないかというのが、大きな判断基準です。

さらに、若い樹を植えておく園地を持つようにしています。プロ野球で例えるなら、二軍、三軍です。一軍の樹に何かアクシデントがあった場合は、すぐに入替えできるようにしています。同じ樹種、品種でもいい樹とそうでない樹があるものです。それを見定めることも目的にしています。

そして、何より果樹栽培で一番大事な作業は、剪定です。祖父や父は、剪定を家族以外の従業員にしてもらうことには反対でした。剪定はそれほど難しく、大事なものということです。しかし、規模拡大が進んだ今、私と専務（実弟）だけで全ての面積を剪定することは不可能です。現在は、従業員

サクランボ出荷作業の様子（2021.6.24撮影）

サクランボ収穫作業の様子（2013.7.11撮影）

みんなで剪定作業を行っています。私たちも最初は何もわからなかったのです。教えれば、従業員だって剪定をできるようになります。

剪定には正解や百点満点はありません。剪定したことで美味しくなったかどうか、収穫された果物が全てです。剪定の考え方は様々ですが、私たちは定期的に剪定の先生をお招きして勉強しています。私たちに合う剪定方法を探し、日々作業を行っています。事業内容、それぞれの経営によって剪定方法は違っていいのです。

私たちは観光果樹園も運営していますので、お客様が収穫しやすいように低い枝を大事にして、高い枝はなるべく落とします。いわゆる低樹高栽培です。サクランボの「Y字仕立て」という新しい樹形にもチャレンジしています。

園地や樹によっても剪定のやり方を変えています。防霜対策施設がある園地では、強めに切って枝数を少なくします。露地栽培で雨よけビニールがない園地では、弱めに切って枝数を多くし、雨での裂果を防ぎます。リスクを考慮して、切り方を変えているのです。これは他の管理作業にも共通しますが、全て同じやり方をしないということが大事です。そうすることで、どこかの園地がダメージを受

サクランボＹ字仕立て（2022.8.27撮影）

けても、それ以外の園地はリスクを回避できます。こうして、毎年、総合的に同じ収穫量、一定の品質を確保できるように努力しています。

もう一つ大事なのが、素早く動ける体制づくりです。当社では、樹種によって担当者を決め、現在の果樹園の状況は、ライン（ＬＩＮＥ）を活用して情報共有しています。これによって、病害虫発生などの異常事態には、素早く対応することができます。「私は知りません」という言葉をなくすこと。ボトムアップで多くの情報を収集し、トップダウンで組織をよりよい方向へ導きます。

16　大事なお金のはなし──補助金＋制度資金という考え方

やりたいことがあって、それが自分のためでなく、一緒に働く仲間のため、お客様のためになることであれば、前向きに投資を検討します。その際に必要になるのがお金です。当社では、補助金プラス制度資金の組合わせで資金を調達するということは前述しました。

私は、やりたいことがあったら、まず、それに活用できる補助金を探します。農業の補助金メニューはたくさんあるので、市役所の農林課に行って情報を収集します。インターネット上にもたくさん情報がありますが、使いやすい、使いづらいなどの詳細はわかりません。自治体窓口の担当者と定期的に情報交換しておくと、いい情報がいち早く入ってきます。

補助金は雑収入として計上され、取得した年に一気に納税額が増えることがあるため、圧縮記帳で経理処理しています。圧縮記帳とは、補助金などを得て固定資産を取得した場合に、その購入額から補助金の額を控除して、取得年度の税負担を軽減する方法です。

一方、農業制度資金とは、国や地方公共団体が農協や日本政策金融公庫と協力して、政策に合致する経営を行う農業経営者へ低利または無利子で行う融資のことです。農業は自然条件によって収穫量や価格の変動があり、投資から効果が出るまでに長期間を要するなど、一般金融には適さない性格があるため、農業者が経営に必要な資金を円滑かつ有利に借りられるように、農業関係に特定した制度資金が設けられているのです。この制度資金には、災害関係資金と経営改善のための2種類があり、日本政策金融公庫や農協などが窓口になっています。

私が就農した頃は、地方銀行が農業分野に融資するケースはほぼ見当たりませんでしたが、農業が成長産業となり、いつからか地方銀行が農業に積極的に融資するようになりました。地方銀行が制度資金の窓口になるケースも増えていて、代貸しと呼ばれています。日本政策金融公庫から直接借りることもできますが、地方銀行を通して借りるメリットもあります。金融機関はお金を貸すだけが仕事ではなく、顧客の経営課題を聞き、改善に向けてアドバイスをしてくれます。また、情報をたくさん持っています。特に地方銀行は、その地域で経営する中小企業の情報量が豊富です。第3章「3　ロゴマーク」でも書きましたが、ロゴマークをつくる際に相談したのが取引地方銀行でした。目的に合わせ、事業者同士のマッチングをしてくれる場合もあります。例えば、6次産業化を推進する場合、委託加工先を取引銀行に探してもらえるかもしれません。お金も大事ですが、情報も大事です。お金は借りなくても、金融機関とはお付き合いしておいて損はありません。とはいえ、1つの金融機関だけに依存しないことをおすすめします。金融機関によって強い分野が違うからです。広くお付き合いをして、多くの情報を集めることが大切です。

ここまで書いてきましたが、補助金や制度資金があるからということで安易に投資するのは非常に危険です。多くの情報をもとに経営判断、投資をしてください。

17 社外での仲間づくり――ネットワークが会社を守る

社内だけでなく、社外に仲間をつくることも大事です。

農業経営をしている同業種の仲間、異業種では、銀行、税理士、労務士、司法書士、資材・農薬の仕入業者、不動産関連、デザイナー、教育機関、自治体関係者なども私たちの大事なパートナーです。困ったこと、わからないことがあったら電話一本で聞ける関係を築いておくことがベストです。

アポなしで税務調査したいと言われたら

新社屋を建設した翌年、税務調査がありました。通常、顧問税理士に連絡があり、スケジュール調整をして受け入れます。しかし、この時はいきなり税務官が当社にいらっしゃいました。たまたま私が事務所にいたので、「税務調査を受けることは拒否しませんが、当社の顧問税理士を通して、あらためてアポイントを取ってからお越しください」とお話ししてお帰りいただきました。後日、正式に税務調査のアポイントがありました。税務調査は定期的に行われることになっていましたが、当社では十数年振りの税務調査で、社長として対応するのは初めてです。やましいことはなくても、決して楽しい時間ではありません。

税務調査の結果、果樹の減価償却について指摘されました。果樹は生物という固定資産であり、減価償却により少しずつ経費にしなければならないということ。しかし、果樹苗木を購入したからといって、すぐに減価償却を始められるのではなく、成熟の樹齢に達した月から減価償却処理を始めるということ。減価償却期間は、リンゴ10年、サクランボ、ナシ8年、ブドウ6年、モモ5年で、果樹の評価額は、育成にかかった肥料、農薬の費用を合算したものになるということ。これらのことを指摘されたのです。

果樹の苗木は、毎年、相当額購入していましたが、一括で経費計上していました。指摘通り経費計上するには、かなり手間がかかります。税理士、税務官と相談の上、該当する苗木の本数が果樹全体の何割なのかを計算し、育成にかかった経費をその割合で計算することにしました。苗木は全てが順調に生育するわけではなく、枯死する場合もあります。その際には、該当する果樹苗木の本数から枯死した苗木を差し引いていきます。この作業をするために、あらためて各園地の植栽マップをつくり、管理をしています。

以上のことは、税務調査を受けたからわかったことです。自分の中でＯＫでも、実はＮＧということがあるのです。外部から評価を受ける機会を設けることが大切です。

顧問税理士のおかげで、税務調査を乗り切ることができました。税務官から様々な質問を受けた際、自信を持って受け答えできるか。収入や支出について明確に説明できるか。日頃から、税理士と定期的に話し合いを持ちながら、タイムリーに数字で経営の現状を把握しておくことが重要です。私がわからない処理項目については、税理士から補助的に説明してもらいました。

当社では月次決算を行っていますが、今後は月次決算から週次決算、日次決算にしていきたいと考えています。

農業らしい働き方、休み方を提案する

労務関係は社会保険労務士と顧問契約しています。働き方改革が叫ばれる世の中です。農業だから仕方ないという考え方がありますが、それでは、働く人がいなくなってしまいます。農業は労働基準法一部適用除外ですが、私は、可能な限り一般企業並みにしたいと考えています。社会保険労務士と顧問契約して、当社の労務環境をチェックしてもらい、労務トラブルが起こ

るリスクを防ぐことは、作業中の事故を減らすことにもつながります。

労働基準監督署の立ち入り調査が入って大変な思いをしたという話を聞きます。私はまだ経験がありませんが、たとえ調査が入っても、明確に説明できるように日頃から労務管理を徹底しています。

雇用環境を改善することで、助成金を受給できることがあります。助成金の申請はとても複雑で正確な書類作成が要求されるので、専門的知識を持った社会保険労務士にお願いすることをおすすめします。

先日、当社で初めて、産休育休を取得する女性スタッフが出ました。少子高齢化が進んでいますので、取得促進した企業には助成金が支給されます。驚いたのは、男性に育休を取得させることでも助成金が出るということ。こちらも該当者がいたので、すぐに社会保険労務士に申請手続きをお願いして、当社初の男性スタッフ育休取得につながりました。

また、サマータイム、ウィンタータイムを設けて、時期によって労働時間を変える変形労働時間制を取り、年間の休日をなるべく増やしていきたいと考えています。現状の年間休日数は、約90日ですが、数年後に100日にする目標です。

当社の休みの特徴は、長期休暇が年間2回あることです。サクランボシーズン終了後の7月下旬と年末年始に、それぞれ約10日のお休みがあります。一般的なサラリーマンのような週休2日の勤務形態で働くことは不可能ですが、農業には農業なりの休み方があります。週休2日で働きたい人が大多数だと思いますが、中には年間に2回の長期休暇があれば、そちらのほうがいいという人もいます。休みが少ないということで終わらせるのではなく、農業なりの休み方を提案すればいいのです。

長期休暇の間、海外旅行や国内旅行をしたり、趣味を満喫したり、資格を取ったり、病気の治療もできます。また、サクランボシーズン中は、ほぼ休みなしで働くので、長期休暇で気持ちと身体をリセットする意味もあります。

18 雇用——定着してもらえる雇用を目指して

縁故採用で定着率を上げる

就農してからこれまで、新たに従業員を雇用して社内に仲間を増やしてきました。

私は、主に縁故採用で仲間を増やしています。今いる従業員のほとんどは縁故採用です。知り合いや知り合いの知り合いなど、どこかで私とつながっている人を雇用してきました。副業で土日だけバイトに来ていた人、親戚の親戚、取引業者を退職した人、母の知り合い、従業員の知り合い、従業員の子どもなどで、家族の顔まで知っている人がほとんどです。辛い作業が続いて辞めたくなっても、こういう関係だと、もう少し頑張ってみようと何とかその時期を乗り越えてくれます。

農業は特殊な産業で、工場勤務のように、同じ環境で繰り返し同じ作業をするようなことはありません。天候に大きく左右され、作業が変わり、暑い時も寒い時も屋外で作業します。人を増やしたい時は、ハローワークで求人をするのが一般的で、そうした場合、農業にとても明るいイメージを持って面接にいらっしゃる方がいます。しかし、農業はそんなに生やさしい仕事ではないのです。短時間の面接で、その人が農業に向いているか、私たちの仲間に入れるか、判断するのはとても難しいです。一緒に働いたことがある人や、以前から知っている人に声がけして仲間にするほうが定着にもつながります。

雇用する際に気をつけているのは、素直であること。学歴や職歴はあまり気にしません。農業の場合、仕事は教えれば誰でもできますが、性格は直せません。性格の悪い人はチームに入れないようにしています。

社長業で辛いのは社員の離職

正式に雇用する際には、正直に当社の事業内容を説明します。繁忙期と閑散期があること、特殊な休み方であること、給料などの条件面などを丁寧に説明し、納得していただいた上で、雇用契約書をかわします。父の時代は、雇用

若手を雇用して剪定作業（2016.2.24撮影）

者と「なぁなぁ」の関係でした。雇用契約書もありませんでした。結果、従業員が定着せず、1年もしないうちに退職してしまうケースもありました。

社長をやっていて一番辛いのは、仲間から「辞めたい」と言われた時です。今まで何回か経験しました。その度に、経営者としてもっとサポートできたことがあったんじゃないかと後悔し、自分の力のなさを実感し、反省します。辞めたいと思う原因は、給料などの条件面、働き方、人間関係、働きがい、家族関係など、いろいろなことが考えられますが、経営者として、そこに気づいてやれなかったことが悔しいのです。

2019年7月、8年間勤務した30代男性スタッフが退職しました。その年の3月に「夢があるので辞めたい」と告げられました。結婚したばかりで、子どもも生まれて、まさに働き盛りです。彼は、私の高校の後輩で、親戚の親戚でもあり、幼い頃から知っていて、一緒に苦労を重ねた期待の若手です。

「辞めたい」と言われた時は、かなりショックでした。今まで彼に頼っていた仕事の大きさを実感しました。彼が辞めれば、誰かがそれを引き継がなければなりません。でも、「夢がある」という彼を引き留める気持ちにはなりませんでした。男として夢を追いかけることを応援したいと思いました。繁忙期であるサクランボシーズンを終え、7月で彼は退職。最後にみんなで送別会を開いて見送りました。その後、すぐに自分の夢に向けて、次の職場で働き出したようです。しばらくは、彼の存在がなくなり、ポッカリと穴が開いたような感じでした。

夏が過ぎた頃、突然、彼から電話がありました。「社長、お話があります」と。会って話してみると、今の職場を辞めて戻りたくなったということでした。退職後もちょこちょこ顔を出していて、痩せていく彼を見て心配していました。夢を目指して勤めた職場が、想像していたものと違っていたそうです。「お前の夢はそんなに簡単に諦めるようなものだったのか！」と怒鳴りたい気持ちがありましたが、そうしませんでした。本心はとてもうれしく、戻ってきてくれることに感謝していたからです。他の職業を選択することも可能でしたが、彼は、また私たちと働くことを選んだのです。彼にとっては、当社の働く環境は夢を目指して働いた会社の職場環境より評価が高かったということになります。何よりも、長い間働いてくれていた彼が戻ってきてくれることは、当社にとって大きな戦力アップになります。作業内容を熟知していて、即戦力。代わりを雇用しても、すぐに彼同様の力にはなりません。

出戻りの彼には、一からスタートしてもらいました。それは、まわりの仲間への配慮です。出戻りして以前と同じポジションでは示しがつかないと考えました。現在は、2人目の子どもが誕生し、一生懸命働いてくれています。

この話題は、今ではみんなの笑い話になっています。「送別会までしてやったのに、出戻りしやがって」みたいな感じです。

人材育成には、お金も時間もかかります。雇用した仲間が定着する環境をつくることが、経営者の大事な仕事です。

19 女性の活躍——女性の力で女性の需要を取り込む

私が就農した当時、男性正社員が3名、女性正社員が1名だった社員構成が、2022年には、男性正社員が5名、女性正社員が5名になりました。農業といえば男性の職業というイメージが強いですが、当社では、女性正社員数と男性正社員数は同じです。それには、農業界全体の動向と当社の事業展開など、様々な理由があります。

「農業女子」がたくさん現れ、農業現場に女性がどんどん入ってきました。農林水産省や自治体では、女性が農業に参入することを強力にバックアップしていて、その中から、カリスマ的な女性農業経営者も出てきました。女性でも農業で活躍できることが証明されたのです。

当社の女性スタッフが増えた要因の一つに、当社が6次産業化を推進していることがあります。加工、販売は、女性が得意とする分野です。

具体的には、加工商品の商品開発、ラベルデザイン、商品の陳列、接客などです。カフェの商品提供についても女性の力が大きく貢献しています。また、私たちの商品やサービスのメインターゲットは女性です。女性の欲しいもの、需要をつかむことが

ラ・フランス収穫の様子
(2021.10.11撮影)

商品開発の第一歩です。それも、女性を積極的に雇用していることにつながっています。

女性を雇用するために、就業環境の整備も行ってきました。産休育休制度を設け、安心して子どもを産み育てられる環境をつくっています。

しかし、女性だからといって、屋内の仕事だけをしていただいているわけではありません。収穫作業も剪定作業もします。男性同様、どんな作業でもできるオールラウンダーに育成しています。

このような取組みを評価していただき、2017年3月、農業の未来をつくる女性活躍経営体一〇〇選（WAP100）に選定されました。

正社員の雇用には、「農の雇用事業」を活用しています。「農の雇用事業」とは、新規就農者や農業経営者候補を育成するための公的な助成金です。「農の雇用事業」は令和3年度で終了し、現在は「雇用就農資金」という助成金ができました。

20　交流人口から関係人口へ——農業を救う関係人口

農業の労働力不足は、非常に深刻な問題です。果樹農業の場合は、春先と収穫時期が特に労働力が足りなくなります。

収穫時期の労働力不足は、観光客を集めて果物狩りを楽しんでいただくことで、解消してきました。30分園内食べ放題などがこの部類です。これは「交流人口」であり、今まではこの「交流人口」を増やせば何とかなっていました。しかし、農業経営規模が拡大し、交流人口を増やすことだけで、収穫時期の労働力不足を補うことは難しくなりました。そこで、首都圏からの農業支援ボランティアツアーを企画していただき、受け入れました。「農泊」という切り口でツアー造成を行い、集客したのです。

近年、農林水産省では農泊を推進しています。「「農泊」とは、農山漁村地域に宿泊し、滞在中に豊かな地域資源を活用した食事や体験等を楽しむ「農山漁村滞在型旅行」のことです。地域資源を観光コンテンツとして活用し、インバウンドを含む国内外の観光客を呼び込み、地域の所得向上と活性化を図ります。」農林水産省のホームページにはこのように書かれています。私は「農泊＝農家の家に泊まること」と思っていました。農業支援ボランティアツアーの受入れを通して、地域の温泉宿やビジネスホテルに宿泊する農泊もありなんだということを知りました。農家にとって、自分の家にお客様を泊まらせることは大きな負担になります。私たちは、思い込みから農泊という門を閉じていたことになります。

ある旅行代理店の担当者からお声がけいただいて、山形市の農業経営体が行っている農泊事業の受入れを視察しました。山形名物いも煮の昼食と短時間の農業体験がその内容です。その地域の農泊事業では、いも煮に使用する里芋が収穫でき、その里芋の選別作業を体験した後に、いも煮とおにぎりの昼食を提供していました。昼食中は、いも煮づくりの上手なおばちゃんが、美味しいいも煮の作り方を大きなスクリーンを使って説明していました。お土産には、選別体験した里芋がもらえます。滞在時間は60分から90分くらい。昼食を提供している場所は、通常は農機具を収納する大きなハウスでした。

すぐに気づいたのは、トイレの確保が大変そうなことです。今までツアーの受入れをしたことがない施設で、多くのお客様を受け入れることに慣れていないようでした。お客様は全国各地からいらっしゃっていて、宿泊は、蔵王温泉やかみのやま温泉などです。私は、「こんな感じであればうちでも受入れできるなぁ」と思いました。

後日、そのツアーを仕掛けた旅行代理店の方から「今困っていることはありませんか?」と聞かれた時に、「果物狩り（交流人口）のような短期間の滞在ではなく、長期間滞在（関係人口）していただいて、農業を楽しんでもらうツアーをつくってください」とお話ししました。これが、農業支援ボランティアツアーができたきっかけです。

天童版農業支援ボランティアツアー

日中は農作業のお手伝い、山形新幹線往復、天童市内の宿泊、食事付きというツアーを造成し、2018年4月~5月に新聞広告やダイレクトメールで募集しました。

日曜日に山形新幹線で天童に入り、その夜にオリエンテーション、月曜日から金曜日に農作業をお手伝いしていただきます。水曜日はお休みで自由時間。金曜日はお手伝いが終わったらお風呂に入って、山形新幹線で帰るというのが基本パターンです。この流れで5週分の参加者を募集した結果、合計100名が集まりました。

　これだけ集まった理由は、2つあると思います。1つは、ツアー料金の安さです。5泊6日、往復の新幹線代とほとんどの食事が付いて、約3万円です。2つめは、田舎で農業をしてみたい、山形県でサクランボを収穫してみたいという願望です。

　なぜ、こんなに安くツアー造成できたかというと、お手伝いしていただいた時給相当分を宿泊費に充てているからです。参加者の方は、ボランティアとしてお手伝いいただきますので、雇用契約は必要ありません。給料をお支払いする代わりに、果樹園側が宿泊代を一定程度負担しています。そうすることで、料金を安くできて参加しやすいツアーにしました。

　このツアーの参加者は、天童市内の観光果樹園で組織している「天童市観光果樹園連絡協議会」が主体となって受

お客さん ＝ 収穫助っ人

サクランボツアー始まる　天童

観光モデル2年目　参加者に笑顔

首都圏の観光客を対象にした「さくらんぼ農業体験ツアー」が17日、天童市内で始まった。摘み取りを楽しんでもらいながら、農繁期の人手不足を解消するという農観連携の取り組みで、事業に関わる山形・上山・天童三市連携観光地域づくり推進協議会（会長・佐藤孝弘山形市長）は、新しい滞在型観光のモデルとして広めていく。

山形新聞
(2019年6月18日掲載)

け入れました。この協議会の2018年時点での会員数は16園です。会員みんなで受け入れたいと考えていましたが、家族で十分間に合う経営体、受け入れることの負担を心配する経営体があり、全会員参加は実現できず、話し合いの結果、10会員が受け入れることになりました。

2018年6月10日、最初のツアー受入れ当日。オリエンテーションには、受入れ会員全員が参加して、ツアー中のスケジュールなどを参加者と個別にミーティングしました。翌日からは、参加者の皆さんに現場に入っていただきました。この取組みは、たくさんのメディアに注目され、初日から多くの取材が入り、テレビや新聞で報道されました。

順調にスタートしたように思いましたが、ここからトラブルが続きます。

ある会員から突然、「明日から受け入れられない」という連絡が入りました。理由は「思っていた人材と違う」ということ。面接もしていないし、初めて会った人です。農業未経験の方がほとんどで、いつもお手伝いしていただいている人と違うのは当たり前なのですが…。6月の山形のサクランボ農家はとても忙しく、都会から来た農業未経験者に丁寧に教えながら作業をする余裕がなかったのです。急遽、翌日から受入れ果樹園を組み替えして対応しました。

まだトラブルは続きます。参加者の中に「朝からビールを飲んで農作業をしている人がいる」という話です。同じホテルに宿泊している参加者から聞きました。5泊6日で3万円は確かに安く、お休みの日には観光もできます。でも、農作業ボランティアを目的にした農泊ツアーです。1人の行動が、他の参加者のモチベーションを下げてしまいます。また、簡単な農作業とはいえ、怪我をするリスクもあります。たまたま、その参加者を当園で受け入れる日がありましたので、注意深く観察することにしました。すると、やはり、異常な行動が多いことがわかりました。夫婦での参加でしたので、奥さまに事情をお話しして、農作業ボランティアは辞退していただきました。

まだまだトラブルは続きます。「ずっと同じ作業でイメージと違う」という参加者の声です。指導してくれる人が誰だかわからないし、きちんとした説明もない、というクレームでした。サクランボの収穫ができると思ってきている人がほとんどですが、屋内でずっと箱折りや箱詰めなどの作業が続いたためでした。農家はずっとサクランボを収穫しているわけではありませんし、いろいろな作業があります。サクランボ以外の作業をすることもあります。パンフレットやオリエンテーションでは、様々な農作業をお手伝いいただきます、という説明をしているのですが、ツアー参加者は、サクランボを収穫したいという強い思いを持っているようでした。すぐに、参加者全員がサクランボの収穫を体験できるように、受入れ果樹園の調整を行いました。

課題と同時に手ごたえもありました。一部の参加者を除き、ほぼ全ての方が一生懸命お手伝いしてくれました。休憩時間には会話が弾み、徐々に作業にも慣れ、作業スピードも上がりました。慣れた頃にはお帰りになるのですが…。帰る際には、多くの参加者の方が、それぞれの果樹園でお土産を買っていってくれます。「また来ます」と言って笑顔で帰って行くのです。

30分食べ放題のお客様を受け入れている時とはまったく違う感覚でした。お互いに深く理解し合えたような感覚です。

ボランティアツアーに参加された方が、私たちの大事なお客様になっているケースがあります。御礼のお手紙をいただくこともありますし、プレゼントまで届きます。これが「関係人口」だと気づくのはずっと後のことでした。

農業支援ボランティアツアーについて、募集前に私たちが想定していたことと違う点がいくつかありました。まずは参加人数です。夫婦2名の参加が多いと想定していましたが、実際は1名参加が6割。宿泊施設は温泉旅館とビジネスホテルを準備しましたが、1名参加が多いこともあり、ほぼ9割がビジネスホテル利用でした。ビジネスホテル利用のほうが、ツアー料金が安いということも要因です。年齢層は想定通り、現役を引退された方が多く、60代から70代が中心で、中には80代という参加者もいました。男女比は、想定より男性の参加者が多く、女性と男性はほぼ同じ割合でした。

その後、この農業支援ボランティアツアーは、形を変えながら、ラ・フランスの収穫時期、サクランボの収穫時期に実施しています。

ツアーの最後に、参加者にアンケートを書いていただきます。そのアンケートを検証することで、次回以降のツアーを改善しています。昼食への不満が多ければ、業者を変え、お弁当の内容も変えました。お休みをなくしたツアーを造成しましたが、わざわざ山形に来て、農業ばかりだと観光する時間がないという不満が多かったので、元に戻しました。オリエンテーションについても、全ての果樹園が参加しなくても支障がないことがわかり、少人数で対応しています。2回目以降のボランティアツアーはリピート客が6割以上ということで、新たに大きな広告を打たなくても、集客できるようになりました。

旅行代理店のメリットは、農業に関心のある顧客を開拓できることです。天童市から始まった農業支援ボランティアツアーは、山形県鶴岡市でも受入れを始めました。受入場所が違うだけで、同じ仕組みですぐに展開できます。天童市の農業支援ツアーに参加されたお客様の多くが、鶴岡市の農業支援ツアーにも参加されたそうです。

ボランティアから直接雇用へ

ボランティアツアーを受け入れておもしろいことがあったのでご紹介します。

最初のツアーに参加された方のお話です。5日間お手伝いしていただいて、帰宅される日、男性の参加者の1名から「社長、サクランボが終わるまでお手伝いしていいですか?」と聞かれました。受入れを担当していた母から、それらしい参加者がいることは報告を受けていましたが、まさかと思いました。研修棟で昼食を食べていただいていたので、そこが宿泊できる施設であることもわかっていたようです。帰りの新幹線のチケットはすでに予約済みでしたが、家族の同意と旅行代理店への確認が取れることを条件に受け入れることにしました。それから約1ヶ月間、サクランボシーズンが終わるまでお手伝いをしていただきました。早朝5時からの収穫作業をお願いしたこともあります。ツアー離団後はボランティアではありませんので、雇用契約を結んで時給で賃金をお支払いしました。家族と都会暮らしで、ずっとサラリーマンをしてきたそうで、田舎と呼べる場所がないと話していました。実は、都会にはこういう方がたくさんいるんじゃないかなと感じました。

サクランボシーズンが終わって帰宅する時、「社長、モモの時期も忙しいんでしょ？　また来ていい？」と。こちらは助かるのでお願いすることにしました。8月から9月、モモの時期にお手伝いいただいて帰る際には、「社長、ラ・フランスも忙しいみたいだね。また来ます」という調子で1年間に3回、合計約3ヶ月間住み込みで働いてもらいました。世の中には、変わった人がいるんだなぁと思いました。同時に、「この人、家に帰りたくないのかな」とも思いました。奥さまがよっぽどこわいとか。

翌年、この展開がさらに加速しました。農業支援ボランティアツアーを続けているうちに、参加者の中で、研修棟に宿泊して長期間農業のお手伝いができることが、自然と周知されていました。私の知らないところで、参加者同士のコミュニティができ上がってきたのです。

1年目のツアー参加者2名からほぼ同じタイミングで、「住み込みでお手伝いしたい」と直接連絡が入りました。すでに1名は住み込みで働いていましたので、合計3名になります。この2名は車で来たいとのことでした。確かに車があれば、自由に行動できます。その後、女性

2人組の方々からも1週間お手伝いしたいと連絡が入りました。

しかし、ここでもトラブルが起こります。住み込みの方同士の関係が悪化したのです。同じ屋根の下で過ごすには、お互いに我慢が必要です。急遽、別棟の部屋を用意し、作業もなるべく一緒にならないように調整して、何とかお手伝いを継続していただきました。しかし、様々な理由から、最初に住み込みで働いてくれた方には、お手伝いをご遠慮いただくことにしました。その後も、ツアーに参加された方々から住み込みで働きたいという連絡をいただいています。


ここからは、私の勝手なイメージです。

都会に住んでいて、現役を引退して年金暮らし、お金には困っていないし、子どもも独立して奥さまと2人の生活。今まで家族のために働いていた方々ですから、家の中にずっといることもできません。そこで出会ったのが、農業支援ボランティアツアー。山形県には、労働力不足で困っている農家がいることを知り、困っているなら私が行って手伝ってやろう…。こんな流れでツアーに参加され、農作業をすることに楽しみを見出され、私にご連絡をいただくのかなと想像しています。現役は引退していますが、皆さん元気で仕事もまじめです。農業の労働力を、外国人労働者を増やして解決する政策が注目されていますが、私は、こういう高齢者の皆さんに、農業の現場で働ける情報や環境を提供することのほうが先だと思っています。

「困っている農家がいるなら手伝いたい」と思っている方が、首都圏をはじめ都会にはたくさんいるんじゃないでしょうか。労働力だけでなく、お客様になる可能性もある方々です。お土産を持って来てくれて、農作業を手伝ってくれて、お土産を買って帰って行かれる。こんな有り難い人はいないですよね。

「社長、今年は何人いるんだ?」いつも住み込みでお手伝いしていただいている方からいただいたお電話です。自分だけでなく、まわりに声がけして人を集めようとしてくれています。私の知らないところでできたコミュニティでは、「今年は王将果樹園でサクランボの手伝いが○人足りないらしい」なんて情報が飛び交っているそうです。

農業支援ボランティアツアー後のこのような動きは、他の観光果樹園でもありました。その果樹園でもツアー参加者が定期的に車でお手伝いに来てくれているようです。

この取組みは、旅行代理店のツアーで参加者の方々と知り合えたから実現できました。ツアー後、直接私たちとつながることになりましたが、最初はツアー参加者で、旅行代理店のお客様です。旅行代理店担当者にそのことを伝えたところ、「ボランティアツアーはお見合いです。気が合ったらあとはお互いでやってください」という回

ボランティアツアーでつながった仲間たちと
(2022.5.31撮影)

答でした。

こうした長期間にわたって住み込みでお手伝いいただく方々とは別に、農業支援ボランティアツアーの受入れも継続しました。この事業は労働力不足を解決する手段としては、理想的だと考えています。今後も、私ができる限り、農業支援ボランティアツアーの受入れに協力していくつもりです。

参加者の方から直接ご連絡をいただくということは、私たちの受入態勢がよかったということです。受入担当には、参加者と同じ年代の母を指名しました。リピートの多いボランティアツアーですが、母に会いに来る参加者も少なくありません。農泊の一番のポイントは「人」かもしれません。人と人の出会いが農業の課題を解決するキーワードになると確信しました。

観光果樹園が主体的に受け入れたこともよかったと思います。観光果樹園は一般的な農家と違い、お客様を農園に入れること、お客様に対応することに慣れていて、お客様をお迎えする施設を持っているからです。農家はつくることは得意でも、お客様を受け入れることは苦手です。自分たちのペースで作業ができなくなるからです。一方、観光果樹園は、お客様に合わせて作業することに慣れています。トイレや売店、休憩室などの設備もありますので、新たに準備をしなくても受け入れることができます。

ボランティアツアーを受け入れる際のコツは、「半分はお手伝いだと思い、半分はお客様だと思う」です。宿泊費を負担しているとはいえ、通常の社員やパートと同じ働きを期待してはいけません。いずれお客様になって支えてくれるように、と願いながら接することです。「山形に知っている果樹園があるから」と、私の知らない都会でそう言ってくれる味方がいることは、本当に心強いです。これこそが「関係人口」です。山形を第二のふるさとだと思ってもらえるように、「強力な山形ファン、王将果樹園ファンを増やし、つながる」をモットーに、これからも関係人口の拡大に力を入れていきます。

お手伝いいただいた方と接して、印象的だったエピソードをご紹介します。

サクランボの収穫をお手伝いいただいて自宅に帰る日のことです。給料を現金でお渡ししました。受け取った際に「久しぶりだなぁ」と仰いました。年金暮らしで、お金に困っているわけではありません。しかし、誰かのために額に汗して働いて、お金を稼ぐことが久しぶりだったのです。あの満足そうな笑顔を見て、「この事業をやってよかったなぁ」と感じました。

21 農業法人協会――全国の農業法人経営者から学べます

家出から山形に戻ったことで、これまで様々な団体からお誘いがありました。JC（青年会議所）やYEG（商工会議所青年部）などの役員の方々が何度もいらっしゃって、入会のお誘いをしてくださりました。しかし残念ながら、自分のこと、自社のことで目一杯で事業に参加できる自信がなかったので全てお断りしました。一方、専務（実弟）はYEGに入会して楽しくやっているようです。

そんな状況の中でも積極的に参加したのは、農業法人協会の事業です。山形県農業法人協会には、米、野菜、果樹、花卉、畜産、きのこなど、山形県内のいろんな業種の農業法人が加入しています。苔を生産している農業法人もあります。そして、個性的な社長がたくさんいます。そんな先輩経営者がどんなことを考え、実行しているのかに興味がありました。

山形県農林水産部、東北農政局、農林水産省の方々と意見交換できる機会もあります。事業に参加することで、果樹だけでない農業界全体の情報を把握することができました。専門家や県外のトップリーダーの方々と話す機会にも恵まれました。この経験は、四六時中農業現場にいては得られません。時には現場から飛び出して、自分の目で見て、耳で聞いて、感じることが大事です。成功している農業経営者には、成功する理由があります。

私は当時、山形県農業法人協会でも一番若い参加者でしたが、現在は、何と副会長を仰せつかっています。法人協会で勉強したおかげで、ネットワークが広がり、講演や視察、研修生受入れの依頼が増えてきました。

22　天童市観光果樹園連絡協議会――観光果樹園の仲間とできること

代わり映えしない開園式を変える

天童市内の15の観光果樹園で組織する天童市観光果樹園連絡協議会という組織があります。就農したばかりの頃、先輩農家から「連絡協議会のことはしっかりやれよ」と言われたことがありますが、この時はどういう意味かわからず、ただ、父の代わりに事業に参加していました。もちろんここでも一番下っ端でした。

主な事業は、毎年6月上旬に開催するサクランボ狩りのオープンをPRする開園式でした。天童市長、天童商工会議所会頭、天童市観光物産協会会長、天童温泉組合組合長などをご招待して、神事やテープカットなどを行います。天童市麺類食堂組合の協力で無料でそばを振る舞い、地元の子どもたちがサクランボ狩りをするといった流れです。かなり前から変わりなく、毎年同じ開園式を繰り返していました。

そのうち、変わったのは、取材していただくメディアの数でした。例年、複数のメディアが取材に来て、山形県内のニュースで紹介し、地元の新聞に記事を掲載してくれました。しかし、ある年から、メディア取材が一切なくなりました。原因は、開園式が他の自治体と重なっていたからです。山形県には、サクランボ観光果樹園が多い地域があります。東根市、寒河江市、上山市、南陽市、山形市、村山市などです。それぞれの自治体が独自で開園式を開催していたため、同じ日に重なれば、プレスリリースの内容でどちらに取材に行くか決められてしまいます。天童市の開園式の内容は、前述の通りずっと変わらずそのまま。一方、他の自治体は、ゆるキャラを使ったり風船を飛ばしたり、毎年趣向をこらして工夫をしていました。

開園式を開催する中で、特に私が気になっていたのは、子どもたちに食べてもらうサクランボでした。当初、開園式では「ジャボレー」などの早生品種を食べてもらっていました。確かにサクランボには違いないですが、決して美味しいとは言えない市場価値のないサクランボです。そのサクランボを食べた子どもたちが、カメラを向けられてどんなコメントをするのだろうとハラハラすることがありました。

なぜジャボレーなどの早生品種なのかは、開園式の開催時期が関係しています。他の自治体より早く開園式をやりたい。サクランボの収穫が忙しくなる前にやりたい。開園式を早く開催して消費者にPRし、サクランボ狩りのお客様を増やしたい。これらの思惑で、6月上旬に開園式を開催することが慣例になっていました。6月上旬のサクランボ狩りとなると、やはり早生品種しかないということになります。

その頃、当社では温室サクランボの栽培を始めていました。温室サクランボは、6月上旬でも佐藤錦などの甘いサクランボが食べられます。会員の中で温室サクランボを生産しているのは、当社だけでした。「子どもたちには美味しいサクランボを食べてもらいたい」と思い、温室栽培のサクランボを提供することにしました。大喜びで食べている子どもたちの姿が今でも忘れられません。温室サクランボは露地サクランボの約2倍の単価です。それを理解している幼稚園の先生方が、「本当にいいんですか？」と言いながらサクランボをほおばっていました。本心では「もったいないなぁ」という気持ちもあったのですが、子どもたちの笑顔を見て、その気持ちは消えていきました。よく考えてみると、それが「食育」を意識したきっかけでした。

その後も、子どもたちが食べるサクランボが美味しくなっただけで、開園式の内容は変わりませんでした。いつしか私は「開園式をする狙いは何だろう？」と考えるようになりました。消費者にPRすることが開園式の狙いだとすると、このまま継続しても結果は出ないのでは、と。

開園式を開催することの一番の目的はお客様を増やすことです。天童市のサクランボ狩りを誰にPRしたいのかを考えた時、山形県内の人じゃないことに気づきました。山形県内の人にPRしてもあまり集客効果がないのに、山形県内のメディアにプレスリリースすることに意味があるのか。今なら、ウェブニュースなどに転載されたりしますので一定の効果はあるかもしれませんが、当時、ウェブニュースはありませんでした。

当時の開園式は、山形県内向きのイベントでしたが、本来の目的達成を目指すのであれば、より県外向きのイベントにしなければなりません。そもそも山形県内の自治体間で競争していても、まったく意味がないと感じていました。天童市のサクランボ、東根市のサクランボ、寒河江市のサクランボと別々にＰＲするより、「山形県のサクランボ」として大きくＰＲしたほうが効果的です。私は県外に行くと、「山形県といえば？」という問いかけをよくします。経験上、ほぼ９割以上の方は「サクランボ」と答えてくれます。これだけ認知されている特産品があるということは、山形県の強みです。山形県内の自治体間で競争することも必要だと理解していますが、オール山形でＰＲすることがより重要です。

ＰＲは山形県内から県外へ キャラバン活動の始まり

２０１２年６月、天童市の友好都市の宮城県多賀城市の子どもたちを、サクランボ狩りにご招待しました。東日本大震災で被害を受け、大変な思いをした子どもたちに美味しいサクランボを食べてもらおうという主旨でした。子どもたちの楽しそうな笑顔を見て、「これだな」と思いました。

開園式の狙いである県外のお客様を増やすことと子どもたちと触れあう食育を組み合わせて事業にしたいと考えました。そうして実現したのが、多賀城

天童市観光果樹園連絡協議会キャラバンの様子
（2019.5.30撮影）

市の保育園を訪れて子どもたちにサクランボを届け、交流するというキャラバン活動です。毎年5月下旬頃、多賀城市を訪問して温室サクランボを子どもたちにプレゼントし、同時に天童市の観光ＰＲも行います。驚いたのは、宮城県内のメディアが取材してくれたことです。サクランボ関連の話題がたくさんある山形県と違い、宮城県ではサクランボというキーワードが新鮮なのかもしれません。

山形県内の他自治体と協力して宮城県でＰＲしたこともあります。上山市の友好都市が宮城県名取市だということで、協力してキャラバン活動を行いました。その流れが山形県を動かし、今では、宮城県仙台市中心部で山形県サクランボ合同開園式を開催するようになりました。

多賀城市を訪れるキャラバン活動は、サクランボだけでなく、ラ・フランスの時期にもお伺いして子どもたちと交流しています。山形県の子どもたちと違い、サクランボやラ・フランスを食べたことがないというお子さんがいます。ある時から、多賀城市の職員の皆さまが、サクランボやラ・フランスを注文してくれるようになりました。子どもたちにプレゼントする分の他に、ご注文いただいた果物を車に載せてお伺いしています。子どもたちにもっと喜んでもらおうと、天童市のゆるキャラも連れていって交流活動を行っています。

このキャラバン活動の効果で、宮城県からのお客様は年々増えている状況です。子どもをターゲットにしたＰＲ活動は、うまくいけば両親や祖父母を巻き込んでいけることを証明できました。

茨城県土浦市も天童市の友好都市の一つです。ラ・フランスのキャラバン活動は、多賀城市と土浦市を1泊2日の行程でお伺いしています。土浦市でも、職員の皆さまからご注文をいただき、メディアにも取材していただけるようになりました。

開園式の代わりに始めたキャラバン活動。県内向きのPRから県外向きのPRへ。天童市観光果樹園連絡協議会の仲間と切磋琢磨しながら、山形県のフルーツ狩りの楽しさを発信しています。

いつか、山形県内の観光果樹園の仲間と協力して、これまでの内容とはまったく違う開園式をやってみたいです。

先輩農家から「連絡協議会のことはしっかりやれよ」と言われたことですが、何年か後に、父がこの会の立ち上げに尽力したことを知らされ、ようやくその当時かけられた言葉の意味を理解しました。

第4章

次の一手

——時代のニーズを察知して戦術を組み立てる

1　プレスリリース——メディア取材を呼び込む

新しいことを始める時には、プレスリリースを作成して報道機関へ配布し、お知らせしています。ある賞をいただいたことがきっかけで、プレスリリースを勉強する機会をいただきました。それまでは、一度もプレスリリースをしたことはありませんでした。

プレスリリースとは、報道機関に向けた情報の提供、告知、発表のことです。自社の活動についてメディアに取り上げてもらい、報道を通じて多くの方に認知してもらうために行います。第三者であるメディアが取り上げ、紹介してくれる情報は信用度が高いです。

では、具体的にどのようにプレスリリースするのか、お伝えしたいと思います。

まず、プレスリリースの内容は、新しいことでなければなりません。すでに存在する取組み、商品やサービスをプレスリリースしても、メディアの取材は入りません。ただし、プレスリリースしたからといって、必ずメディアの取材が入るとは限りません。逆に、取材が入らなくても、ニュースになるケースもあります。プレスリリースを仲介するサイトがあり、そこに情報をリリースすると、自動で一部メディアのニュース一覧に転載されて紹介されます。

プレスリリースのやり方は、電話、ファックス、メールなど様々ですが、一般的にはメールでプレスリリースします。

書き方は、講演やプレゼンで話す順番と逆に書くことがコツです。講演やプレゼンでは、最後に大事なこと、一番言いたいことを持ってきます。一方、プレスリリースは、最初が肝心です。最初のタイトルやリード文に、一番言いたいこと、目を引くキーワードを持ってくることです。メディア関係の方々は、日々たくさんのプレスリリースに目を通していますので、タイトルを見て、おもしろそうであれば内容まで読みますが、つまらないタイトルなら読みません。タイトルの下に、取組みの概要や商品、サービスができた背景、物語があれば詳しく書きます。

私もそうでしたが、プレスリリースなんて経営には関係ないと思っている方が多いようです。しかし、うまくいけば、メディアから取材が入り、メディアを通して消費者に情報が拡散され、売上につながります。プレスリリースを書いて送ることは無料です。あとはやるかやらないか。まずは、メディアの方々に皆さんや皆さんの会社の存在を知ってもらうことが第一歩です。商品やサービスでなくてもいい、あなたの存在が知られればそれでいいのです。

プレスリリースの力を思い知ったことがあります。コロナ禍で、売上の減少が確実になり、先がまったく見えない時期がありました。その時、ある商品に光を当ててプレスリリースをしたら、あっという間にたくさんのメディアで紹介され、その商品はすぐに完売し、何とか危機を乗り越えました。この時のニュースや新聞でご紹介いただいたものを広告費に換算すると、約3600万円になりました。メディアからメディアへ情報が伝わっていって、それが消費者の目に留まり、ツイッターではリツートが10000にのぼり、はじめて「バズる」ということを体験しました。メディアからメディアへ情報が拡散することをメディアジャンプというそうです。詳しくは次の第5章「2　「ワケあり倶楽部」ができるまで」でご紹介します。

もしかしたら、皆さんの持っている商品の中にも、プレスリリースしたら爆発的に売れる商品があるかもしれないですよ。

2　ブランディングと商標登録——商標は財産です

ブランディングとは、自社と他社の違いを受け手（顧客など）に識別してもらうために行う一連の活動です。ブランディングをする上で、商標登録をしておくということは、後々、ブランドが育った時に起こりうるトラブルを防ぐことになります。当社では4つの商標登録を行っています。

特許庁のホームページによると、「商標とは、事業者が、自社の取り扱う商品・サービスを他社のものと区別するために使用するマーク（識別標識）です。私たちは、商品を購入したりサービスを利用したりするとき、企業のマークや商品・サービスのネーミングである「商標」を一つの目印として選んでいます。そして、事業者が営業努力によって商品やサービスに対する消費者の信用を積み重ねることにより、商標に「信頼がおける」「安心して買える」といったブランドイメージがついてきます。商標は、「もの言わぬセールスマン」と表現されることもあり、商品やサービスの顔として重要な役割を担っています。このような、商品やサービスに付ける「マーク」や「ネーミング」を財産として守るのが「商標権」という知的財産権です」と説明されています。

当社が商標登録をするようになったのは、戦略、戦術を教わった高木先生から、商標登録をしておいたほうがいいというアドバイスをいただいたことがきっかけでした。

商標登録は有料です。内容によって異なりますが、場合によっては商標登録料だけで10万円くらいになることもあります。自分で手続きを進められればそれでいいのですが、弁理士に依頼するとその費用も追加でかかります。一般社団法人山形県発明協会という組織があることを知り、商標登録について相談しました。無料で丁寧に対応していただき、おかげさまで登録費用だけで、出願から審査を経て4つの商標登録を完了しました。登録が完了すると、立派な商標登録証が送られてきます。事務所などに商標登録証があると、この分野に明るい人は「この会社は商標登録までやっているんだなぁ」となり、信用度が増すかもしれません。商標の脇にRマークがついているものをよく見かけます。このRマークが商標登録済みを意味しています。

ブランディングを進めていくと、最初のうちはそんなに目立っていなかった商品が、どこかのタイミングで一気に売れ始めることがあります。あわてて商標登録をしようとしたら、すでに他の誰かが登録していたというケースがあるようです。その場合、今まで使用していた商標を使えなくなり、商品名を変更せざるを得ないこともあります。これだけは！という商標がある場合、早めに登録しておくことをおすすめします。なお、気になる商標がある場合は、他社がすでに登録済みかどうかをインターネットで検索できますので、お試しください。

商標権の存続期間は10年間です。その後、更新期間の申請をすることによって10年の存続期間を何度でも更新することができます。

3 JGAP——マニュアルをJGAPで

２０２０年3月26日、ＪＧＡＰ（農業生産工程管理に関する認証基準の一つ）の認証をいただきました。山形県のサクランボ生産農場としては、初めてのＪＧＡＰ認証でした。

２０２０年に日本で東京五輪・パラリンピックが開催され、選手村で提供される食材はＧＡＰ認証取得農場から調達されるということで、ＧＡＰ認証の取得数が増えました。しかし、日本国内のＧＡＰ認証取得農場は、圧倒的に少ない状況が続いています。その理由は、ＧＡＰ認証取得のメリットが見えないからです。私も同じで、「ＧＡＰ認証を取得して何が変わるのか」「何となく、ＧＡＰ認証を取得したほうがいいんだろうなぁ」ぐらいに思っていました。

しかし、一転してＧＡＰ取得に舵を切ったのは、作業マニュアルを整備したいと考えたためです。近年、当社では徐々に従業員が増えてきて、ＧＡＰ認証を取得することで、より安全に作業を進められるマニュアルをつくることはできないかと模索し始めました。

動き出したのは、2018年から。最初は、当社の農薬・資材関連取引先の協力を得て進めました。なるべく、お金をかけずに認証を取得したいと考えたのです。しかし、GAPの内容を知れば知るほど、認証取得までの道のりが遠く思えました。

そこで山形県農業技術普及課に相談したところ、本気でGAP認証の取得を目指すなら、コンサルタントを入れて準備をすること、GAP認証を取得する経営体への補助金があることを教えていただきました。また、山形県内の果樹関連でGAP認証取得済みの経営体は少なく、サクランボではまだ前例がないことを知ったのです。隣の福島県では、農家がGAP認証を取得することに力を入れているようで、果樹関連でもたくさんの経営体が取得しています。インターネットで検索すると、どんな経営体がどんな品目でGAP認証を取得しているのか簡単に確認できます。早速検索したところ、山形県内のサクランボでGAP認証取得例がないことを知り、落ち気味だったモチベーションがグッと上がりました。「山形県内初、サクランボでGAP認証を取ろう！」と思いました。前例がないとか、一番が好きなんですね。

山形県としても、GAP認証を取得した果樹農業経営体の数を増やしたいということで、実績のあるコンサルタントをご紹介いただき、多方面でご支援いただきました。2019年9月10日から2020年2月13日まで合計5回のコンサルタント指導をいただき、2020年3月1日に審査を受けました。

GAPとは?

GAPはGood Agricultural Practiceの頭文字をとった言葉で、直訳すると「よい農業のやり方」という意味で、農業生産管理工程とも呼ばれています。農産物をつくる際に適正な手順や物の管理を行い、食品安全や労働安全、環境保全などを確保する取組みを指します。食品安全、環境保全、労働安全、人権保護、農場経営管理という5つの柱で構成されており、当初、私が考えていた農作業マニュアルの作成は、労働安全に該当します。対象は従業員ですが、GAP認証を受けるには、その他の項目の生産物、消費者、地域、環境なども対象になります。

GAP認証には種類があり、GLOBALGAP、ASIAGAP、JGAPが代表的です。その他にも、各都道府県のGAPなどもあります。当社がGAP認証を取得する狙いは、安全な作業マニュアルを手に入れることでしたので、まずはJGAPの認証取得を目指すことにしました。

認証の有効期間は認証日から2年間。初めて受ける審査を初回審査と呼び、その結果、得られた認証が2年間有効になります。その2年後に受ける審査は更新審査と呼ばれます。この2つの審査の中間で、維持審査を1回受ける必

JGAP審査の様子（2022.2.22撮影）

要があり、この維持審査は、その農業経営体にとって、特に重要な農業生産工程が行われている時期に実施することがルールとなっていて、認証機関側がタイミングを指定します。つまりGAP認証を継続するには、毎年審査を受けなければならないということです。その度に審査料がかかります。当社の場合、初回審査時には、別途コンサルタント料もかかりました。

GAPは、認証の基準書を参考にしながら、点検項目や取組内容、各種規定を決め、法令を遵守した上で、自分の農園に適したルールを作成します。一度ルールをつくったとしても、それで完成ではありません。さらに改善していくことで生産性の向上や競争力の強化を図ります。それは持続可能な農業経営を行うために必要なことです。

GAP認証に向けて

まずは基準書に従い、自社のデータを積み上げていく作業が続きました。基準書には、管理点ごとに番号が付けられています。農園の情報や出荷施設配置図、組織図、生産計画表など、現時点ですぐにできる管理点番号からスタートしました。今まで使用していたものをそのまま活用できればよかったのですが、古いデータのままだったり、情報が不足していたりで、十分に整備されていませんでした。

サクランボ園地は20ヶ所以上あります。まず、それぞれの農園にどんな品種のサクランボがどこに植えてあるのかを調べてデータにしていきました。次に、それぞれの園地にどんなリスクがあるかを検証し、ハウスやスプリンクラー、がけや隣接している道路や民家など、農作業時に気をつけるべき点を過去の経験に基づいてピックアップします。ここまででもかなりの作業量です。

そこで、適切にアドバイスをしてくれたのがコンサルタントでした。自らも農家をしている方で「自分はこんな感じでやっている」というように具体的な指導をしてくれました。また、果樹で認証を受けた基準書を見せていただく機会をいただき、これから準備していく書類のイメージをつかむことができました。

GAPで変わったこと

私と専務（実弟）が中心になって準備を進めました。進めていくうちに、今までの常識が非常識になることが出てきます。農薬や肥料の取り扱い方法、収穫や出荷工程、喫煙のマナーなど、その事実が判明する度に従業員に伝え、指導し、審査基準を満たせるよう整備していきました。

20ヶ所以上あるサクランボ園地を含め、全ての園地は記号で呼ぶようにしました。サクランボはS、モモはM、ブドウはB、ヨウナシはY、リンゴはR、温室サクランボはOを頭に付けます。アルファベットの次に番号を付け、S1は、サクランボ一号園ということにしました。このように統一したことで、「あそこの隣の隣のサクランボ畑」と呼んでいたところが、正確にみんなに伝わるようになりました。もし、場所が正確に伝わらなければ、大きな農作業事故につながる可能性があります。

物の配置図を作成するために、倉庫には、資材や農機具などが本来置かれるべき場所を設け、使い終わったらそこに戻る仕組みをつくり、社内で共有しました。

また、教育訓練記録という項目があります。今までは、担当者だけが覚えておけばいいと考えていた知識についても勉強する機会をつくり、農薬や肥料、農機具の整備、避難訓練、救命救急について専門家から指導していただきました。経営者だけが変わっても、組織全体が変わらなければ意味がありません。GAPの認証を目指したことで、今までの生産・出荷工程をあらためる機会になりました。大きな投資は、鍵付きのプレハブを新たに購入して、農薬保管庫として設置したことです。

驚いたことは、安全データシートの存在です。肥料や農薬はもちろん、段ボールやパックなど出荷に使用する資材全てに安全データシートがありました。当社が使用している資材の安全データシートについては、メーカー側で、すでに準備されていました。温室効果ガス発生料の記録、野生動植物の把握という項目もあり、そこまで確認するのかとびっくりしました。

GAP認証を取得するために、初回審査時だけで約50万円かかりました。このコストに対する意見は様々だと思いますが、外部からの評価をいただき、自らの農業経営を改善していくことができる機会を持てたことは、とてもよかったです。ただし、1年ごとに審査料がかかるという点は、今後見直ししてほしいと思います。審査員によっては、求めるものや見解が違うこともあるようで、前回はOKでも今回はNGという例もあると聞きます。

JGAP認証を取得して私たちの基準書が完成しました。これから新入社員が入ってきたら、この基準書を見せれば、現場に行かなくてもだいたいのことは説明できます。「言わなくてもわかるだろう」と考えてしまうところを明文化し、周知しておく。ようやく、私たちの広い意味での農作業マニュアルができあがりました。

4 農福連携――農業×福祉で地域貢献

農業と福祉の連携を農福連携といいます。私が農福連携を意識したきっかけは、「山形県農業労働力確保対策実施委員会さくらんぼ労働力確保対策ワーキンググループ」メンバーになり、その会議に出席したことです。そこで山形県の農福連携推進員の白井進一氏から「矢萩社長のところで農福連携をしてみませんか？」とお声がけいただきました。以前から農福連携には興味があり、実は社内的にはすでに農福連携を始めていたのです。

私の妻の弟は統合失調症で障がい者手帳を持っています。妻は東京出身で、2007年に妻が実家に帰省した時に同行して、そのタイミングで義弟を東京から山形に移住させました。東京では家に引きこもり、ゲームやパソコンをする日々が続いていたからです。山形に来たばかりの頃は、私たちと同居して一緒に農業をしていました。通勤は往復15キロメートルを自転車で。やがて、自動車運転免許を取得し、市営住宅で一人暮らしを始め自立しました。

今も私たちと農業をしていますが、彼が得意なのは、草刈り作業。乗用草刈機に乗って、きれいに草刈りをしてくれます。人とコミュニケーションを取ることは苦手ですが、草刈り作業にコミュニケーションは必要ありません。単調で根気が必要ですが、農業では不可欠の作業です。彼がいなければ、誰かが草刈りをしなければならないのです。農業には、そんな単純作業が多くあることに気づいていました。そして、世の中には義弟のような悩みを持った人がたくさんいるんじゃないか、とも。

会議で知り合った山形県の農福連携推進員、白井氏からは、当社近隣の就労継続支援B型施設と自律訓練・就労移行支援施設の担当者をご紹介いただきました。

早速、サクランボの収穫作業をお願いし、通常通り「じく付き」で収穫する方法と「じくなし」で収穫する方法を試してみました。どちらも収穫することは可能なのですが、じく付きで収穫するのは、スピードが上がっていきませんでした。一方、じくなしで収穫する方法は、慣れてくると

義弟の草刈作業の様子（2022.5.16撮影）

健常者とそんなに変わらないスピードで収穫できることがわかりました。この段階では、就労継続支援B型施設、就労移行支援施設の違いなど、農福連携に関する知識はまったくありませんでした。

農福連携技術支援者（農林水産省認定）になる

2020年に、農福連携について勉強する機会をいただきました。この年から始まった農林水産省が認定する農福連携技術支援者育成研修に参加することができたのです。全国から約200名の応募があり、その中から私を含め19名が選ばれました。自治体職員、障害福祉サービス事業所の職員、特例子会社の職員、農協職員、農業経営者が主な参加者です。

農福連携技術支援者とは、「農業者」「就労系障害福祉サービス事業所の職業指導員」「障がい者」の三者に対し、農福連携を現場で実践する手法を具体的にアドバイスする専門人材のことです。いわゆる「農業版ジョブコーチ」とも言われることがあります。修了試験を含む全ての研修課程を受講し、農林水産省から必要な知識と技能を身につけたと認められると、研修修了者となり「農福連携技術支援者」（農林水産省認定）として、現場における支援をすることができます。

8月17日から4日間、9月14日から3日間、合計7日間の研修と修了試験を受け、農林水産省より農福連携技術支援者に認定していただきました。

前半の研修は、グループワーク、実地研修が中心です。グループワークでは、目隠しをして視覚障がい者の立場になって作業することを体験し、その気づきを参加者同士で意見交換しました。実地研修では、先進事業所の視察に行き、施設外就労、施設内就労で障害福祉サービス事業所の職業指導員が利用者（障がい者）とどのように関わっているかを見学し、情報交換しました。トマトやきゅうりの収穫や草刈り、ねぎの土寄せなどを体験して、障がい者のための作業の細分化について学びました。

後半は座学が中心です。農福連携の歴史や基礎、法令、それぞれの障害の特徴や対策などを学びました。障害者促進法では、従業員の数が43・5人以上である民間企業は、障がい者を少なくとも1人以上雇用する義務が定められています。この障害者雇用促進法で求められる法定雇用率を達成することが難しい場合、その親会社が出資して子会社を設立し、この子会社で雇用した障がい者の数を、一定の要件の下、親会社における法定雇用率の算定基礎に含める仕組みがあり、このような子会社を特例子会社といいます。今後はさらに障がい者の法定雇用率が引き上げられることになっています。なお、現在、法定雇用率を達成している民間企業は約半分にとどまっており、今後一層の雇用拡大が求められています。

この座学で、農福連携に詳しい先生や先進事業所で実務をされている方、農林水産省の担当者のお話を次々に直接聞くことができる機会をいただいたことは、本当にラッキーでした。また、他の参加者の皆さんと交流できたことも有意義でした。それぞれ違う立場で全国各地から集まった参加者の皆さんから刺激をいただきました。研修修了後、それぞれの場所で農福連携技術支援者一期生として活躍しています。これからも連絡を取り合い、情報交換をしていきます。

障がいを持つ仲間と働いて気づいたこと

当社では、就労継続支援B型施設の施設外就労を定期的に受け入れることにしました。1週間に2回から3回、作業していただいています。作業内容は、サクランボ、ブドウ、リンゴ、ヨウナシの収穫、ブドウの笠紙かけ、リンゴの葉摘み、出荷箱つくり、加工品のラベル貼りなどです。就労時間は午前中だけで、あえて短時間にしています。暑さ、寒さも短時間であれば我慢して、集中して作業ができるからです。

作業の細分化は必須です。「あれしてこれして、最後にこれして」という指示ではなく、「○○をして」と1つのことを明確に指示して作業をお願いしています。ワーキングメモリの容量が小さいことは障がい者の特徴で、複数のことが頭に入ってくると、その中のいくつかが記憶から消

障がいを持つ仲間の作業の様子（2022.5.18撮影）

えてしまうといわれています。そのため、指示を構造化することが有効です。構造化とは、仕組みをわかりやすくすることです。構造化には、物理的構造化、視覚的構造化、時間の構造化、手順の構造化、作業の構造化、習慣の構造化などがあります。どこで、いつ、何を、どのくらい、どのようなやり方で、次にどうなるのかなどを、絵や写真、文字、道具を使って物事の仕組みをわかりやすく示すことで、障がい者が働きやすい環境をつくります。

施設の職員との協力も非常に大事です。同じ施設の利用者でも、できる作業内容には個人差があり、個々の利用者の特性を理解しているのは施設職員の方々だからです。

ＪＧＡＰ認証を取得していたことで、作業の安全確保、リスク管理ができていたため、障がい者を受け入れやすかったことも事実です。また、６次産業化を推進していたことで、屋内の作業も確保できました。屋外の作業は、天候次第で中止にしなければなりません。その場合、屋内の６次産業化関連の作業に切り替えることができます。

障がい者の受入れにあたっては、合理的配慮を意識することが大事です。合理的配慮とは「障がい者が他の者との平等を基礎として全ての人権及び基本的自由を享受し、又は行使することを確保するための必要かつ適当な変更及び調整」とされています（障害者権利条約第二条）。障がい者が職務を遂行するために必要な措置を講じる義務があるのです。お互いが平等、公正に支え合い、ともに活躍するための調整をするという考え方です。

施設外就労を受け入れてみると、障がい者の皆さんが一生懸命作業をしてくれることに感動しました。終わりと声がかかるまで、手を抜きません。さぼるということがありません。その姿を見て、私たちも頑張ろうという気持ちになります。また、当社の農業経営に障がい者の皆さんの力を発揮する場があることにも気づきました。

さらに2名の障がい者を直接雇用

2020年、山形県内の特別養護学校の生徒がインターンシップでお手伝いに来てくれました。その生徒のお父さんは、仕事関係で以前から知り合いでした。「息子が農業に興味があるようなので面倒をみてもらいたい」という話をいただいて実現しました。

8月に4日間、10月に6日間、一緒にサクランボの樹に灌水したり、ラ・フランスを収穫したりしました。話す声が少し小さいのが欠点ですが、素直でまじめな男の子です。しばらくして先生から、「来年4月からの就職を含めて検討してもらいたい」というお願いがありました。お父さんからも「ぜひ、お願いします」と。楽な仕事をしてもらったわけではありません。私たちと同じような作業をしてもらいました。そして、極端に劣っている点はなく、意思疎通もできます。お父さんの話では、帰宅して楽しく仕事の話をしていて、私の真似をしているとか。

ということで、ご家族や学校、ハローワークと相談を重ねて、2021年4月、正式に雇用しました。当社初の新卒からの障がい者雇用です。これは、私にとっては新たなチャレンジでした。同年9月、就労移行支援施設からの要請を受け、もう1名障がい者を雇用し、現在、合計

3名の障がい者の皆さんと働いています。

今後も農福連携を推進し、将来的には、障がい者で組織した作業グループをつくりたいと考えています。社内につくるか、社外につくるかは未定です。当社の農作業の整理と細分化を進め、障がい者にできることは、その作業グループに委託できるようにします。社員には、よりクリエイティブな作業を中心に担当してもらいます。そうすることで、地域の農地の受け皿として、規模を拡大できる強い組織をつくることを目指しています。

5 事故やクレームから学んだこと──素早い対応で解決すれば光が見える

お客様をお迎えする観光農業は、事故やトラブルが起きる可能性が高いです。駐車場での事故や忘れ物、お客様同士のトラブルなどです。その中でも、気をつけなければいけないのは、お客様の怪我です。果物狩りに夢中になって、脚立から落ちて怪我をするお客様がいます。救急車で病院に運ばれるような大怪我をしてしまうこともあります。お客様には、入園前に怪我をしないように注意喚起をするのですが、すでに頭の中は果物食べ放題でいっぱいになっていて、聞いていないお客様がいます。また、いつも脚立を使っているから大丈夫という人が、油断して怪我をするケースもあります。過去には、怪我をしたお客様に付き添って病院に行ったこともあります。

２０１４年10月19日、団体ツアーのお客様が当社スタッフとぶつかって大怪我をしました。病院に運ばれ、すぐに入院、翌日手術でした。当社スタッフが関係した事故ということで、事故発生時から、私がお客様本人やご家族の方の対応をしました。山形での入院が長期間になり、お客様が女性だったこともあって、母に手伝ってもらい、日常的に必要な物を買いそろえ、困ったことがあればすぐに対応できるよう動きました。幸い、施設賠償保険に加入していましたので、金銭的に大きな問題はありませんでしたが、怪我が完治して元の状態に戻れるか心配でした。

徐々に回復され、お客様の地元の病院に転院することになり、私が運転して転院先の病院までお送りしました。ご家族の方にもお会いして、あらためて謝罪することができました。その後、お会いする機会はないのですが、毎年、メロンと干しいもが届くようになり、サクランボやリンゴを買っていただいています。事故やトラブルがあっても、誠心誠意対応すれば、いいお客様になっていただけることもあるんだと実感しました。

果物を扱う以上、クレームはつきものです。もちろん、出荷には万全を期していますが、運送途中で傷んでしまうこともあります。運送会社が悪いこともありますが、お客様には関係ありません。お客様からの声を素直に聞き、その内容をみんなで共有して、対策を考え、工夫する。これを繰り返していくしかありません。

まさかの時のために、自社の事業に関連する保険に加入しています。２０２１年からは、入園の案内については、動画を使って、繰り返しお客様に注意喚起をしています。

6 新しい農泊「体換農泊」――農業しながら旅をする

農業ボランティアツアーや離農した農家の自宅を買い取って研修棟にしたことについては、第3章「13 規模拡大」「20 交流人口から関係人口へ」でご紹介しました。「農地を守りたい」「関係人口を増やしたい」。この2つを合わせて考えたのが「体換農泊」です。研修棟を「やまさくハウス」と名付け、宿泊施設として活用しています。「宿泊料は体で返して」「農業しながら旅をする」というテーマを持つ取組みです。4時間農作業をしていただくと、研修棟に1泊することができます。

近年、田舎暮らしを体験したいという需要が増えている中で、当社ではこれまで付近のビジネスホテルに宿泊してもらいながら、農業支援ボランティアツアーを受け入れてきました。たくさんの方にツアーに参加してもらう中で、参加者のニーズは「より地域に深く関わること」「第二の故郷

農作業すると宿泊費無料

農泊プラン好評

山形県天童市観光果樹園 労力不足の一助

日本農業新聞
(2020.4.10掲載)

のようなつながりを感じること」だとわかったことから、労働力不足という農業ならではの課題とマッチングさせ、「体換農泊」を企画しました。作業する農地に近接する施設に宿泊しながら農作業をすることで、参加者は果樹園をより身近に感じるとともに、気軽に地域の人との交流が図れ、新たな農泊を体感することが可能になります。さらに、農業体験をした時間を参加者の宿泊料に充当することで、参加者の充実した農泊体験と当社の労働力の確保を同時にかなえることができるのです。

「体換農泊」では、サクランボやラ・フランスなどの果物の収穫体験をはじめ、果樹園の管理作業や果物の箱詰め、出荷作業などを体験できます。体験内容は時期と天候によって様々です。また、宿泊施設となる研修棟「やまさくハウス」では、山々に囲まれた静かな環境で果樹園内の散歩を楽しんだり、地域の文化に触れたりすることでリフレッシュできます。

宿泊施設を整備して宿泊料をいただくには、旅館業法の営業許可が必要です。農家民宿は、一般的な宿泊施設と違うため、法の規制緩和があります。しかし、私にはこの施設がお客様から選ばれる自信がありませんでした。とりあえず、お客様の声を聞く機会を設けたいということで、この「体換農泊」を考えたのです。

2020年3月上旬にプレスリリースをして、4月1日から自社のホームページで募集を開始しました。施設の外観写真、内観写真を掲載し、施設紹介、滞在例などを盛り込みました。施設紹介はこんな感じです。

離農した農家の自宅を活用した研修棟「やまさくハウス」へ
（所在地）山形県天童市当社から約１００メートル
（アクセス）ＪＲ天童駅から車で15分
　　山形道 山形北インター、東北中央道 天童インターより20分
　　おいしい山形空港から車で20分
（宿泊場所の間取り）４ＬＤＫ
（建物面積）１５４・３㎡
（築年数）20年
（設備）キッチン有、自炊可、トイレ温水洗浄便座2か所、浴室浴槽付、Ｗｉ‐Ｆｉ、駐車場有
※コンビニまで徒歩10分圏内

交通手段は、主に自家用車でいらっしゃることを想定しています。とにかく田舎なので、移動手段としてどうしても車が必要です。買い取った家屋には、新たに各部屋にテレビを設置して、Ｗｉ‐Ｆｉを導入しました。かけたコストはこのくらいです。「体換農泊」の滞在例は、次のような感じです。

1週間滞在の一例　自家用車で参加の場合
1日目　来園
2日目　8時から17時（うち昼休憩60分）農業体験
3日目　8時から17時（うち昼休憩60分）農業体験
4日目　近隣の観光（温泉巡りや山形の食を満喫）
5日目　8時から17時（うち昼休憩60分）農業体験
6日目　宮城県観光（宿泊施設から車で約60分で仙台市）
7日目　帰宅

2日目、3日目、5日目に合計24時間農業をお手伝いしていただき、6泊できる滞在例です。すると、公式ホームページから立て続けに予約が入りました。全てお子様がいるファミリーで、「子どもと一緒に農業をしてみたい」というメッセージが添えてあります。予想外の展開に驚き、この取組みには需要があることを知りました。しかし、実現にはいたっていません。理由は、新型コロナウイルスの感染拡大です。2020年4月7日、新型コロナウイルス感染症緊急事態宣言が発出され、申込みがあった予約は、本当に残念でしたが、全てお断りすることになりました。

新型コロナウイルスの感染拡大が収束したら、あらためて募集をして絶対に実現させます。また、農泊の先進地、先進施設から学び、旅館業法の営業許可取得を視野に準備を進めていきます。

この取組みは、慢性的な労働力不足になっている当社が、後継者不足により離農した農家の自宅を買い取って、その活用方法を検討したことで実現することができました。全国の農山漁村では、ここ山形と同様に担い手の減少により空家が増え、コミュニティの維持が困難になり、美しい景観が失われつつあります。

農業は食材の供給だけではなく、洪水防止や酷暑を和らげる気温調節などの多面的機能を持っています。しかしながら収穫期に必要な労働力を地域で確保することが難しく、大きな課題になっています。この「体換農泊」によって非農家の方々に気軽に農作業を楽しんでいただくことで関係人口を増やし、農業現場の労働力不足を解消し、より輝く農山漁村として存続していくことを目指します。

7 戦略と戦術の成果――いい流れができると

ここまで、私がとってきた戦術をご紹介してきました。仲間を増やし、働く環境を整備し、ロゴマークをつくり、ホームページを充実させ、お客様を増やしてきました。

自分の戦略を構築し、戦術をつくり、実行する。実行後には、現状を数値化して検証し、修正する。このサイクルがうまく回ってくると、成果としてこんなことが起きました。

●講演に呼ばれる機会が多くなり、視察受入れの数が増えました。そこで当社の取組みを話すことで、私たちの存在を知っていただく機会が増えます。

●コンクールなどでたくさんの賞をいただき、多くの方に広範囲にご紹介いただきました。受賞式では、全国の優秀な農業経営者と知り合うことができます。また、このような賞をいただくには、外部からの評価が絶対条件であり、それは私たちの自信につながっています。

優良経営体表彰で農林水産大臣賞を受賞した時のことです。幸運が重なり、当時皇太子殿下だった現在の天皇陛下からお声がけいただきました。たくさんの方の目線が一斉に集まり、殿下の神々しいお姿を目の前で拝見しました。お声がけいただいた内容は、「台風は大丈夫でしたか?」「農業をしていて工夫していることはありますか?」という

視察受入れの様子（2022.7.13撮影）

講演の様子（2022.7.12撮影）

ものでした。私たち農業者に対するお心遣いに、感謝の気持ちでいっぱいになりました。合わせて、農業に対して熱い想いをお持ちだということをひしひしと感じました。この経験は私の一生の宝物です。

●メディアからのオファーが増えました。報道関係者は、視聴者や読者が興味のあることを探しています。私たちが消費者目線で商品やサービスを提供していることと同じです。メディアに取り上げてもらうことで、お客様の数が増えます。

●これらのことが相まって、来客数、売上、利益が増えました。お客様に知ってもらい、来園してもらい、売上を増やしていく。この流れをいかにつくっていくか。商売の永遠のテーマです。

●一番うれしい成果は、従業員が定着したことです。人材を人財と表すことがあります。人を育て、残すのが一流の経営者という言葉がありますが、まさにその通りだと思います。仲間を増やし、育て、経営を伸ばす。経営者として大事な視点です。

第5章

四度目の大ピンチ

——観光果樹園の売上が0になって私たちがやったこと

1 四度目の大ピンチ──新型コロナウイルス時代に突入

ピンチを経験することは誰にでもあります。私には四度のピンチがありました。大学を卒業して就農、その年の12月に父と大喧嘩、家出して離農した時が一度目のピンチです。

2年後に帰郷し再び就農しましたが、会社は債務超過状態で倒産寸前。二度目のピンチです。そして、2011年3月11日、東日本大震災発災。実害はなかったものの、観光は壊滅的被害を受け、来園者数が激減。農産物については放射能汚染による風評被害で買い控えが起こり売上減少。これが三度目のピンチです。今まで農業をやってきて、この時点では、東日本大震災が過去最大のピンチでした。

しかし、その大ピンチを超える危機が訪れます。

2020年1月、中国武漢で原因不明の肺炎が流行し、間もなく新型コロナウイルスと確認され、瞬く間に世界中に広がりました。

日本では、2月にクルーズ船内で乗客の感染が拡大し、亡くなる方の数が増え始めました。3月には、東京五輪・パラリンピックの延期が決定。4月7日には、7都府県に緊急事態宣言が出され、同月16日には緊急事態宣言が全国に拡大されます。それから約1ヶ月半後の5月25

日、全国で緊急事態宣言が解除されました。その後、第二波、第三波、第四波、第五波、第六波、第七波と感染拡大の波が繰り返し押し寄せ、経済への打撃も深まっていきました。

　この新型コロナウイルスの感染拡大により、私たちの農業経営もまったく先が見えなくなり、今まで誰も経験したことがない事態に頭を抱えました。東日本大震災時は、確かにお客様の数は減りましたが、東北地方内での交流人口は活発に動いていて、被害地域が限定されていました。一方、新型コロナウイルス感染拡大は、世界中に被害が広がっていて、見通しが立たない状況が長期間続きました。

　当社の一番の繁忙期で売上が大きいサクランボシーズンには、例年、2万人だったサクランボ狩りのお客様が0人になりました。ショップ&カフェについても同じです。ゴールデンウィーク直前の4月下旬、サクランボシーズンのショップ&カフェは、お休みすることを決定しました。それまでご予約をいただいていたお客様には、こちらからご連絡し、事情を説明して、キャンセルしていただきました。

　お休みを決めた理由は2つあります。

　まずは、一緒に働く仲間の健康を守るということ。サクランボシーズンには、日本全国からお客様がいらっしゃいます。感染するリスクはゼロではありません。また、サクランボ産地の山形県の果樹園から感染者が出たとなれば、まわりのサクランボ農家に迷惑をかけることになります。駐車場に県外ナンバーが並び、それを見て地域の人たちはどう思うか、そんなことまで考えました。田舎なので、感染した場合は、すぐに特定され誹謗中傷を受けることは予想できました。誹謗中傷を受けるのが私ならともかく、従業員が受けることは絶対に避けたいと思いました。

2つ目は、戦力の分散を防ぐためです。私たちの事業の柱は、果樹の生産・販売・観光・加工・飲食です。2020年のサクランボシーズンは、「生産」と「販売」に特化することを決めました。別の言い方をすると、「観光」と「加工」と「飲食」を捨てたのです。今まで5つの事業に使っていた戦力を2つの事業に集中させ、農業の原点に戻ることにしました。

この決定で課題となることが2つあります。

1つ目は、サクランボの販売先です。今までサクランボ狩りでお客様が食べてなくなっていたサクランボをどこに販売するのか。2万人のサクランボ狩りのお客様は、どのくらいサクランボを食べていたのか。2万人の来園者が1人300グラムのサクランボを食べたとして、合計6トンになるという仮説を立てました。1キログラムのさくらんぼ箱で6000ケース。例年私たちが収穫しているサクランボの他に、さらにこの量を上乗せして販売しなければなりません。

さらに、この頃、高級フルーツのメロンやマンゴーなどがいつもの年の半額くらいで流通し、全国で農産物価格が暴落していました。温室栽培のサクランボについても4割ほど安くなり、収穫量の大半を占める露地栽培のサクランボも、このまま安い単価で流通するのではないかと懸念され、市場出荷しても、平年並みの利益が取れないと判断しました。

その対策についてみんなで話し合ってつくった企画が、その後大ヒットした「ワケあり倶楽部」でした。

2つ目の課題は、収穫、出荷してもらう労働力です。今までの労働力では到底間に合いません。サクランボの収穫は早朝から始まり、収穫したサクランボはその日のうちに選果、箱詰めをして出荷しなければ商品価値がありません。短期的に大勢の人が必要になります。

私には、新型コロナウイルスが発生した頃から考えていたことがありました。もし、観光客がいなくなったら、天童温泉の従業員の方々に協力してもらおうということです。2020年3月の時点で、天童温泉の旅館オーナーには内々に打診していました。

4月に緊急事態宣言が出され、天童温泉の旅館が休業を余儀なくされ、予想していた最悪の事態が起こりました。危機感を持った私は、「DMC天童温泉」に声をかけ、天童温泉で働く従業員の皆さまにご協力をお願いしました。DMC天童温泉は、天童温泉の旅館オーナーが出資した会社で、共同で予約サイトを運営したり、着地型ツアーを造成したりしている組織です。以前から連携して、「朝摘みさくらんぼ狩り」などの新たな着地型ツアーのお客様の受入れを行うなど、関係を強化していました。（第3章「6　果物狩り」ご参照）「1つの旅館にだけ協力をしてもらうより、たくさんの旅館と一緒にやりたい」、そう思ってDMC天童温泉に依頼しました。特に仲がいい旅館にだけ声をかけるやり方もあったと思いますが、それでは今までの関係性と変わりません。この機会に、知らなかった人と組んでみたいと強く思いました。

様々な壁はありましたが、5月18日には、3名の旅館従業員の方がお手伝いに来てくれました。私たちはこの取組みを「天童アライアンス＋ON（プラスオン）」と名付けました。詳しくは、本章「4　天童アライアンス＋ON」で取り上げます。

この取組みは、地元の報道機関の他、プレジデントオンラインでも二度取り上げていただき、多くの方に注目されました。

2 「ワケあり倶楽部」ができるまで──ショップで売れる商品は通販でも売れる！

「ワケあり倶楽部」は、6ヶ月にわたって7回、8種類のワケあり果物が次々届く頒布会です。頒布会とは、会員に毎回異なる商品を定期的に届ける販売手法です。6月はサクランボ、7月はスイカ、8月はモモ、9月はブドウ、10月はリンゴとセイヨウナシ、11月は庄内柿とラ・フランス、12月はサンフジです。価格は、消費税、送料込28567円です。28567円には、2（フルーツ食べて）8（やっつけろ！）567（コロナ！）のメッセージを込めています。

「ワケあり倶楽部」が生まれたきっかけは、ショップでの販売数量でした。ショップでは、贈答用から家庭用まで、様々な形態や価格で旬の果物を販売しています。その中でダントツに販売数量が多いのがワケあり果物です。サクランボをはじめ、モモ、ブドウ、セイヨウナシ、リンゴなどの自社商品、さらに、自社で生産していないスイカやカキなども販売していました。

「ショップで売れるんだから通販でも売れる！」

「頒布会にしたらおもしろい！」

通販商品企画担当者からこんな意見が出ました。

当社では、以前から「おらんちの果物」という頒布会を企画販売しています。1種類の果物だけの頒布会「もも倶楽部」「りんご倶楽部」という商品もあります。こちらの頒布会は、規格内の商品「ワケなし果物」です。

一方、規格外品「ワケあり果物」を頒布会にしたのが「ワケあり倶楽部」です。山形県内の果樹農家を助けるため、自社生産していない果物もラインナップに加えました。山形には、こんなにたくさんの果物があるんだということをお客様に知って欲しかったからです。サクランボやラ・フランスは有名でも、その他の果物が山形県

旬の果物 お届けします

天童のファーム　定額制、規格外を盛りだくさん

新型コロナ 県内

天童市の観光果樹園「王将果樹園」を運営するやまがたさくらんぼファーム（矢萩美智社長）は、見た目は悪くても、おいしさに問題のない県産果物を定額で定期的に届けるサービス「ワケあり倶楽部」を始めた。

王将果樹園のスタッフ

生産者直営の果樹園が県内の生産者と連携して展開するサブスクリプション（定額制）モデル。3万円弱で6カ月間にわたって、サクランボや尾花沢スイカ、庄内柿など8種、計40キロ超をそれぞれ旬の時期に堪能できる。

新型コロナウイルス感染症の影響で、全国的に農産物の販売は落ち込む。5月からにぎわう同果樹園も見通しは厳しい。年間のフルーツ狩りの予約はほぼキャンセルとなり、同園では最大約3トンの果物が廃棄の危機に直面している。このため農業生産者の収入減や食品のロスを抑え、果物を摘み取ったような体験を消費者に提供するため、山形市売上増進支援センターY－bizの助言を受けて企画した。

価格は2万8567円。「フルーツ食べて、やっつけろコロナ」のメッセージを込めた。5月31日まで倶楽部への申し込みを受け付け、6～12月、季節ごとに▽サクランボ▽スイカ▽ブドウ▽桃▽柿▽ラ・フランス▽リンゴ▽西洋なし－をそれぞれ盛りだくさんで家庭に届ける。品種は在庫によって変わる。

「まだ知名度不足の本県産果物だが品種は多く、1番おいしい時期にたくさん食べてほしいと思った。こういうときにこそファンになってもらい、終息したら果樹園に足を運んでもらいたい」と話している。問い合わせは王将果樹園023（657）3211。

（進藤和美）

山形新聞（2022.5.11掲載）

で生産されていることを知らない人がたくさんいます。

早速、王将果樹園公式ネットショップで販売を開始したところ、少しずつ売れ始めました。しかし、この時点では新商品の一つに過ぎず、「ワケあり倶楽部」が爆発的なヒット商品になるなんて誰も思っていませんでした。

3 山形市売上増進センターY-biz（ワイビズ）
――なぜ「ワケあり倶楽部」がバズったのか？

「ワケあり倶楽部」がヒット商品になったのは、ワイビズからのアドバイスがあったからです。

山形市売上増進支援センターY-biz（ワイビズ）は、山形市域で堅実に頑張る中小企業や起業家のチャレンジに光を当て、「聞く」「見つける」「提案する」「伴走する」の流れで具体的な課題解決の提案をワンストップかつ継続的に行い、何度でも無料で利用できる支援機構です。山形市や山形商工会議所、山形県中小企業団体中央会、金融機関が協議会を設立し運営しています。売上アップをゴールに、情報発信、集客、販路拡大、新商品・新サービスの企画などの相談にのってくれます。

2019年からワイビズに相談していたのは、「集客力アップ」についてでした。どうしたら、もっとたくさんのお客様に来ていただけるか、という相談です。しかし、2020年になり、新型コロナウイルスの感染拡大の影響で集客することができなくなったことで、外部環境が一転してしまいました。「どうぞお越しください」「皆さんのご来園をお待ちしています」と言えない状況が続きました。

そんな時、当時ワイビズのプロジェクトマネージャーだった尾上雄亮氏（現　売れる地域中小企業を育むHIKIDUSヒキダス代表）が「ワケあり倶楽部」に目を付けてくれました。前述の通り、すでに商品はできていて販売も始めていました。

尾上氏は「コロナで集客できないからでなく、観光果樹園が提供していた果物を心ゆくまで摘むような体験を通販し、同時に社会や地域課題を解決する切り口に整理し直せば、これまで出会えなかった新しいお客さまとの新しい関係が育めると思う」と言うのです。

感染拡大で積極的な集客は難しい。お客様は現地へ行きたいけど行けない。不揃いの様々な果物の在庫が増える。フードロスが増える。これらの良くない材料を、視点を変えることで良い材料として捉えました。現地への集客はできないが、ネット上の集客は伸びるチャンス。お客様のお手元に果物が定期的に届くことは、まるで果樹園に赴き果物を摘むような疑似体験になる。在庫が減り、フードロス削減にもつながる。さらに、他の生産者とも連携することで地域全体の収入減を抑制できる可能性がある。これらの視点から、企画を整理し直しました。

プレスリースの原案も尾上氏と一緒に考え、作成したものを、4月17日、山形県庁の記者ク

「ワケあり倶楽部」プレスリリース

報道関係各位

2020年4月17日

株式会社やまがたさくらんぼファーム（王将果樹園）

あたかも果樹園で好きな果物を摘む体験と、フードロスの削減、

感染症拡大による農業生産者の収入減抑制を同時に実現する新しい取り組み。

定額28,567円で、6か月で7回8種類のワケありくだものを42kg

一番おいしい時期に食べられる権利

山形初。生産者直営の“ワケありくだもの”のサブスク

「ワケあり倶楽部」2020年4月21日（火）から本格始動

株式会社やまがたさくらんぼファーム（天童市川原子1303／代表取締役社長 矢萩美智＜やはぎよしとも＞）が運営する王将果樹園は、**定額28,567円（税・送料込み）で6か月で7回、8種類のワケありくだものを42kg（将棋駒「王将」約10,500枚分）「一番おいしい時期」に食べられる権利となる**、ワケありくだもののサブスクリプションモデル「ワケあり倶楽部」を4月21日（火）から5月31日（日）まで王将果樹園公式ホームページにて受付します。

形や大きさが不揃い、色付きが悪く黒いシミがあるなど、見た目は悪くもおいしさには問題ないワケありくだものを、**生産者である果樹園が県内の生産者とも連携し、直営で定額販売モデル**（サブスクリプションモデル）で展開するケースは**山形県初。全国でも珍しい事例**となります。

■「ワケあり倶楽部」を始める背景

当社は山形県天童市で1969年（昭和44年）に創業。1986年（昭和61年）に法人化し、2011年（平成23年）4月1日に農業とサービス業を併せ持つ農業生産法人「株式会社やまがたさくらんぼファーム」に社名を変更しました。観光果樹園の「王将果樹園」と併設する「oh!show!cafe」の運営を行い、年間約6万人のお客様にご利用頂いております。また、お客様の声をダイレクトに聞ける「直接販売」にこだわり、カタログやインターネットによる通販を展開し全国のお客様にお届けしています。さらに2020年3月に、山形県内で初めてさくらんぼのJGAP認証をいただきました。

一方、日本では年間643万トンの食べ物が廃棄されています。野菜や果物は生産量の45%が廃棄されているとも言われています。緊急事態宣言が出されて以来、首都圏などの百貨店の休業が相次ぎ、既に大量の野菜や果物が廃棄されている現実もあります。※1 当社は2000年頃から旬の時期に観光果樹園の店頭でワケありくだものを販売してきました。しかし、コロナウイルス感染拡大の影響で例年5月頃からにぎわう観光果樹園についても、必要以上に来園を促す理由も見当たらず、仮に最大限安全に配慮した運営を行っても来園者数が大幅に減少することが想像に難しくなく、それらの行き場が失われる可能性が現実味を帯びて来ました。当社で扱うワケありくだものについては、自社農園で収穫されるさくらんぼやラ・フランスに限らず、県内の生産者が育てたスイカや柿なども販売しているため、最大約3トンの廃棄果物が生じることが懸念されます。

そこで、観光農園へ来園が難しくなったお客様に、定期的に様々な種類の「旬のくだもの」が届くことで**「あたかも果樹園で好きな果物をたくさん摘むような体験」**を提供し、同時に果物の廃棄処分を減らすなど**フードロス問題の解消にも貢献**し、かつ**当社を含む県内の生産者の収入面の減少も抑える仕組み**を構築できないかと考え、山形市売上増進支援センターY-bizのアドバイスも受けながら、**定額28,567円（税・送料込み）で6か月で7回、8種類のワケありくだものを合計42kg分「一番おいしい時期」に食べられる権利、ワケありくだもののサブスクリプションモデル「ワケあり倶楽部」**を4月21日（火）から5月31日（日）まで王将果樹園公式ホームページにて受付する運びとなりました。

※1 https://www.fnn.jp/articles/-/30590 4月10日FNN PRIME 「余った食材で新たな取り組み 黒毛和牛に無農薬野菜も」

■「ワケあり倶楽部」の特徴

東京都内を中心に規格外の果物や野菜を使ったヘルシー弁当等を企画販売する旬八青果店やワケありくだものを急速冷凍し冷凍スナックとしてオフィス向けの置き菓子として定額制で販売するデイブレイクなど、近年フードロス問題に向き合う新しい動きが加速しています。本企画は、**生産者自らが定額28,567円（税・送料込み）で6か月間7回にわたって、8種類のワケありくだものを合計42kg分「一番おいしい時期」に届ける、ワケありくだもののサブスクリプションモデル**で、「山形のくだものって美味しいの？」と試したい方や、これまで食べたことのない果物との出会いがお手軽価格で得られる特徴があります。なお、28,567円には「2（フルーツ食べて）8，（やっつけろ！）567（コロナ！）」のメッセージも込められています。

■「ワケあり倶楽部」の概要

サービス名：「ワケあり倶楽部」

実施企業名：株式会社やまがたさくらんぼファーム「王将果樹園」

価格：28,567円（税込）　送料は0円。

但し、沖縄および離島へ発送する場合、別途送料が7,000円かかります。

・王将果樹園公式ホームページにて受付します。

・価格は7回お届けする合計金額です。

・お申し込みの締め切りは5月31日までとなります。

・商品は6月のさくらんぼから発送します。出荷時期は天候の影響により変更になる場合があります。なお発送日時や商品内容の指定はできません。また、ワケあり品のため、商品に若干の傷があるなど見た目は悪い果物です。贈答品には向きません。

・代金引換、後払いサービスでの購入は初回に商品代金をお支払い頂き、2回目からは品物が届くだけとなります。

定額28,567円で6月から12月までの7回、8種類のワケありくだものを

「一番おいしい時期」にお届けします。

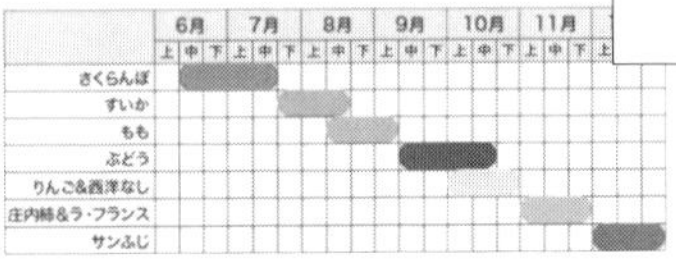

①ワケありさくらんぼ（約1kg　バラ詰）6月中旬～7月中旬

品種は佐藤錦、紅秀峰、大将錦、紅てまり、南陽のいずれかとなり、クール便でお届けします。

②ワケありすいか（約5kg）7月下旬～8月中旬　大きさは、L、2Lと言われるサイズです。

③ワケあり桃（約5kg）8月中旬～9月上旬　品種は川中島白桃、まどかなどの白桃のいずれかです。

④ワケありぶどう（約1kg）9月中旬～10月中旬　品種はピオーネを予定していますが、シャインマスカットなどの大粒のぶどうに変わることもあります。

⑤ワケありりんご&ワケあり西洋なし（各約5kg/合計約10kg）10月上旬～10月下旬

りんごの品種は、シナノスイート、陽光などの早生りんご。西洋なしはゼネラルレクラーク、マルゲリットマリーラなどを予定しています。

⑥ワケあり庄内柿&ワケありラ・フランス（各約5kg/合計約10kg）11月上旬～11月下旬

⑦ワケありサンふじりんご（約10kg）12月上旬～12月下旬

株式会社やまがたさくらんぼファームは、果樹の生産・販売・観光・加工・飲食の5本柱の確立とともに、当社の得意分野である「農業」と「観光」の連携について、今後は異業種との関係性をより強化し事業の発展を目指してまいります。

＝　本件に関するお問い合わせ先　＝

株式会社やまがたさくらんぼファーム（王将果樹園）

担当：矢萩洋美　須藤亜由美

〒994-0103　山形県天童市川原子1303

TEL　023（657）3211　FAX　023（657）3213

TEL　090（5595）6802　矢萩洋美（直通）

Mail:sakuranbo@ohsyo.co.jp　URL：www.ohsyo.co.jp

是非貴媒体での取り扱いのほど、よろしくお願い致します。

弊社での取材等可能です。お気軽にお問合せ下さい。

OHSYO FRUITS FARM

ラブへ持ち込み報道各社に配布しました。するとすぐに取材依頼が入り、地元のテレビや新聞で「ワケあり倶楽部」をご紹介いただき、それらの記事が数々のウェブニュースに転載されました。驚いたのはその後のツイッターの反応で、結果的にはリツイート数が1000を超えました。ネットショップの担当者からは、「一晩で昨年1年分の売上をクリアした」という驚きの報告が入りました。

電話注文も入っていましたが、なぜか大阪のお客様からの数が多いことに気づきます。皆さん「ラジオで聞きました」と言って注文してくれるのですが、大阪にはプレスリリースしていません。「どうして大阪のラジオで放送されたのだろう?」と疑問に思い詳しくお尋ねすると、大阪のラジオ局のアナウンサーが「ワケあり倶楽部」のことを番組の中で話したということがわかりました。後日、そのアナウンサーさんから「勝手にご紹介してすいませんでした」というご連絡をいただきました。こちらからすれば、逆に御礼をしなければならないのに。私たちの取組みを偶然見かけて、自分のラジオ番組で話したとのことでした。

尾上氏にこの件を報告したところ、「メディアジャンプ」といわれる動きで、とても良い状況だと教えてくれました。「メディアジャンプ」というのは、ある取材から報道につながり、それがまた新たな報道につながるといった、情報が飛ぶように広がっていくことだそうです。

プレスリリースでは、「ワケあり倶楽部」は山形県内では初の試みであること、コロナ、サブスク、フードロスなどに対する取組みであることを、社会性・トレンド性・季節性・独自性・ストーリー性などの視点から訴えかけました。その結果、明確な方向性のある企画は、1枚のプレスリリースが地元メディアでの紹介につながり、それが他の地域のメディアにつながり、大きく取り上げてもらえる可能性をも生むことがわかりました。

「ワケあり倶楽部」は、4月21日から5月31日までの販売期間を予定していましたが、4月30日で予定数量を完売しました。販売終了後も問合せが続き、お客様にお断りする日々が続きました。ワケなし頒布会「おらんちの果物」はまだ数量に余裕がありましたので、そちらをおすすめして、お買い求めいただいたお客様もいました。

「ワケあり倶楽部」は、やはり新規のお客様がほとんどでした。私たちの農業経営が厳しい状況だということを理解していただき、支援する想いでお買い求めいただいたケースが多く、「コロナで観光客が少なくなり廃棄する果物が多くなる可能性」を紹介したことが、たくさんの注文につながったと考えています。東日本大震災時の「がんばろう！東北」と同じような消費者心理だったのでしょうか。

消費の傾向がモノ消費からコト消費へ、そしてイミ消費へと移行しています。「ワケあり倶楽部」はまさしくイミ消費だったと考えています。イミ消費とは、買うことや食べることで自然や社会に貢献するという付加価値がついた消費のことをいいます。「ワケあり倶楽部」を買うことで山形県の観光農園を助けることができるという消費行動に貢献感や満足感を持つことができたのかもしれません。

「ワケあり倶楽部」を販売したことで、継続的な関係性が築ける新しいお客さまも増えました。コロナ禍が長期間続く中で、「ワケあり倶楽部」を買っていただいたお客さまから継続的に買い支えていただいています。

4　天童アライアンス＋ON──天童温泉と連携して逆境を契機に

天童温泉の仲居さんがさくらんぼ収穫⁉

「天童アライアンス＋ON」は、天童温泉の旅館従業員の皆さんに当社の農作業にご協力いただく取組みの名称です。アライアンスとは「業務提携」「戦略的同盟」という意味です。＋ONのONは「温泉」の温（ON）、ONを反対にするとNOになり「農業」の農（NO）を意味しています。両者のアフターコロナの着地点は合致していました。「コロナが収束したら天童に来てほしい」ということ。

新型コロナ 県内
助っ人は旅館従業員
天童の果樹園 サクランボ収穫 ▷ 納税返礼品へ
官民連携 雇用補完し逆境好機に
サクランボ農園で作業に励む天童温泉の旅館従業員

山形新聞
(2020.5.23掲載)

天童温泉からの助っ人は、5月18日に3名でスタートし、5月27日に6名になり、収穫最盛期には15名になりました。その中には、ベトナム人の女子大学生2名がいました。ちょうどこの時期、天童温泉にインターンシップで勉強に来ていたのです。旅館のオーナーから依頼され、農作業をしていただきました。通常、インターンシップは、旅館の業務以外は認められないようですが、旅館が休業中で作業がなく、大学から特別に認めてもらったそうです。そうしないと、宿舎にとじこもっていなければなりません。このお2人は、天童温泉の助っ人より一足早い5月14日から来ていただきました。

天童温泉の従業員の皆さまにお手伝いいただくには壁がありました。まず、旅館側に従業員の兼業、副業を認めてもらう必要があります。基本的にはオーナーから許可をいただかなければ、この事業は先に進みませんでした。ある旅館のオーナーは、全従業員の前で私たちの話をしてくださり、その場で副業を許可してくれました。後日、その話を聞いた時、本当に感謝の気持ちでいっぱいになりました。

しかし、もう一つの壁がありました。旅館の従業員の皆さんは、国の雇用調整助成金の特別措置によって休業中も一定の給与が補償されていたため、中には、何もしないで家にいたほうがいいと考える人もいます。果たして、外に出て農業をしたいと考える人がいるのか。ところが、すぐに働きたいという連絡が入ります。最初に連絡をいただいた3名は全て男性でした。働くことにした理由を聞いてみると、「ただ家にいるのは暇」「奥さんから家の仕事を頼まれて

も お金はもらえない」「体を動かしていたほうがいい」など。すぐに面接をして、正式に雇用契約を結びました。

こうして天童温泉の従業員の皆さんとの収穫作業が始まり、私たちと一緒に収穫したサクランボは、DMC天童温泉の通販サイトでも買えるようにしました。サクランボをお届けする箱に同封したチラシにはお互いのSNSのQRコードをつけて、天童温泉の従業員たちが果樹園で収穫している風景を見られるようにしました。合わせて、天童温泉の各宿泊施設で使える宿泊割引券も同封しました。リピートしている優良顧客を中心にお知らせしたので、高い効果を見込めました。

DMC天童温泉がこの取組みをプレスリリースすると、県内のほぼ全てのメディアから取材申込みがありました。天童市からは、この取組みで収穫されたサクランボをふるさと納税の返礼品にしたいという連絡が入ります。ふるさと納税の返礼品は競争が過熱していて、同じサクランボであれば、寄付金に対する量の争いになっているのが現状です。天童市の場合、1万円を寄付すると、700グラムのサクランボがも

天童温泉との連携

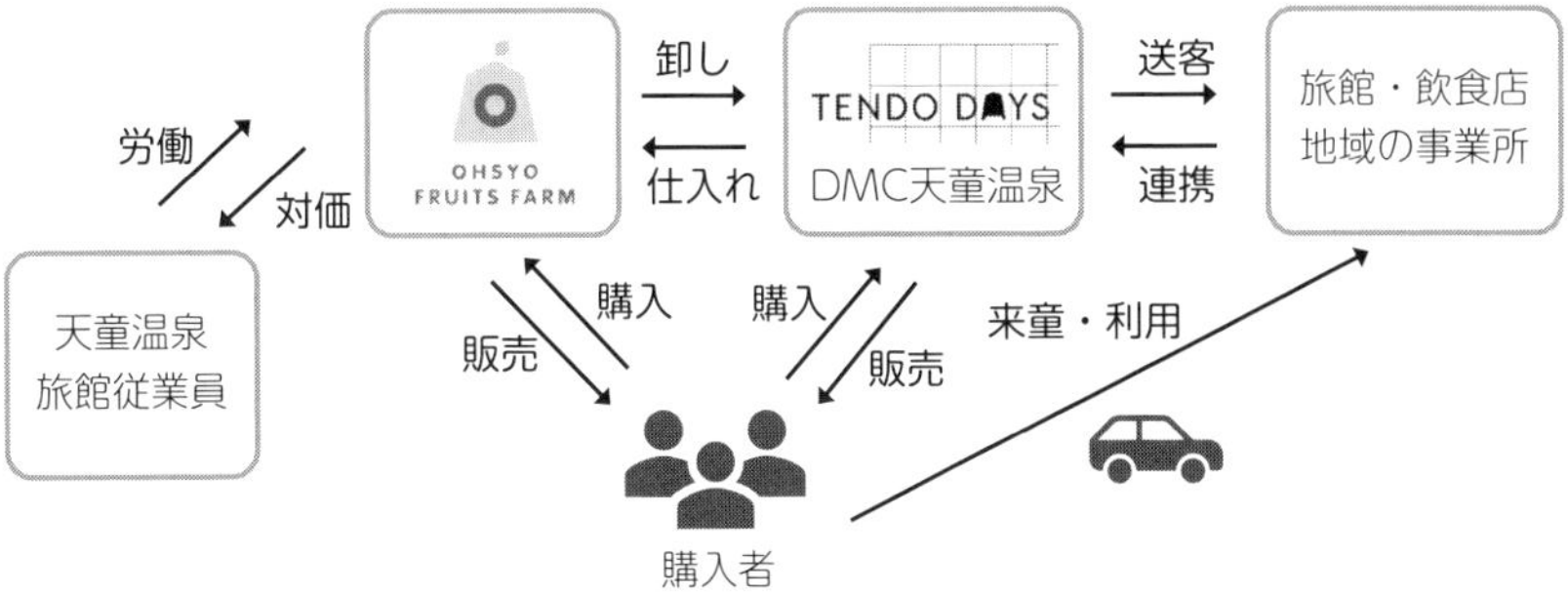

らえるものが人気でした。私たちは、１万円の寄付に対し５００グラムのサクランボを返礼品として送ることを提案し、「おもてなしの笑顔が咲くらんぼ」という名前を付けました。すると、この５００グラムのサクランボに寄付が集中し、天童市のふるさと納税担当者も驚いていました。これもイミ消費ですね。寄付をしていただいた皆さまからたくさんのメッセージをいただきました。

「前を向いて希望をもって頑張りましょう」

「コロナに負けず、気候変動に負けずに、みなさま頑張ってください！」

「コロナに負けないで美味しいサクランボを作ってください！落ち着いたら遊びに行きたいです！」

「コロナで大変だと思いますが、美味しいサクランボを作り続けられる環境を整えてあげてください」

「まだまだ出口が見えないコロナ。少しでも支援できればと思います。すでに頑張っている方々に頑張ってなんて言えません。身体など、ご自愛ください」

「コロナ禍で、自分自身も含め各地が大変な思いをしている中、大好きなサクランボの農家さんが困っているのは見過ごせませんでした。一人では多くの助けになりませんが、ささやかながら頑張って欲しい思いをこめて！」

ほんの一部ですが、ご紹介します。これを見た時は、うれしくて涙がこぼれそうになりました。頑張って美味しいサクランボを届けようと思いました。

超人気テレビ番組「サラメシ」に出られた理由

この取組みの波及効果は徐々に広まっていき、天童市の市報の表紙になったことで、友好都市の宮城県多賀城市の職員の皆さまからもご注文をいただきました。

お手伝いいただいた天童温泉の関係者からは、「サクランボの収穫を手伝うことで、自らの体験をもとにお客様にサクランボ狩りをおすすめできるようになる。コロナ禍によって、従業員にサクランボの収穫体験をしてもらう時間がつくれたことは、温泉旅館にとっても、従業員の接客スキルを高めるいい機会になった」と評価していただきました。具体的には、宿泊客にサクランボ狩りの様子を詳しく説明できるようになり、サクランボの収穫時期はもちろん、出荷作業や品種についても自分の経験に基づいてお伝えすることで、宿泊客とコミュニケーションが図れ、信頼関係も増したということでした。

2つの仕事を掛け持つ「ダブルワーク」が注目されていますが、山形県ではまだまだ普及していません。地方ならではの風習で、副業に対して否定的な見方が根強く、副業するという考え方をなかなか理解してもらえませんでした。しかし、この取組みで、収入を増やしながら本業以外の経験を積み、さらに農業の労働力不足を解決するというモデルができました。

一緒にサクランボを収穫したのは、天童温泉の従業員の皆さまだけではありません。添乗員の皆さま、旅行代理店職員の皆さま、大学生の皆さま、障がい者の皆さま、ボランティアの皆さま、その他にもたくさんの方々にお手伝いしていただきました。ある大学生は、キャンパスに行けずウェブ授業で学んでいました。本来であれば、東京で生活しているはずでしたが、自宅にいるので空いた時間でアルバイトをしてくれました。コロナの影響で県外との往来ができず、就職活動ができないため、短期間でアルバイトをしてくれた大学生もいました。県内のサクランボサポーター企業の皆さまもボランティアでお手伝いしてくださりました。

この取組みへの注目度は日増しに大きくなって、ＮＨＫテレビの特集、ＮＨＫラジオの全国放送でも取り上げていただきました。

そして、6月下旬、ＮＨＫ「サラメシ」の担当ディレクターから問合せが入ります。私たちの取組みに興味を持っていただき、どんなお昼ご飯を食べているか見せて欲しいということでした。確かに、お手伝いいただいている皆さまは、調理人、仲居、予約、営業、裏方などやっていることは様々です。個人的に、私もどんなランチを食べているのか興味があります。7月6日に取材していただき、8月18日にオンエアされた「サラメシ」でご紹介いただきました。あの中井貴一さんから名前を呼ばれるというとっても貴重な体験をさせていただきました。

この年は、サクランボの繁忙期にたくさんの取材依頼が入りました。私は断らず、全て対応しました。もし、どこかで断っていたら「サラメシ」までたどりつかなかったかもしれません。

5 「ワケあり倶楽部」の課題と解決策――人気企画の落とし穴

「ワケあり倶楽部」がヒットしたことで売上を確保でき、一息つけました。ほとんどがカード決済などの前払いで、お客様からたくさんのお金をお預りしました。ちなみに、当社の受注は、消費者への直販がほぼ100パーセント、前払いがほとんどです。先にお金をお預りすることで、資金繰りが楽になります。

いざ、出荷を始めると、「ワケあり倶楽部」の課題がたくさん出てきました。今まで経験したことがない出荷数量と内容で、自社だけでは対応しきれなくなり、他の農家の方々の協力もいただきました。

まずは、最初に出荷するサクランボに集中しようと考えました。半年間にわたる頒布会企画です。最初でつまずくと、次々につまずくような気がしたのです。お客様の満足度を上げるには、一番バッターのサクランボが重要です。

収穫基準の簡易化で収穫量アップ

収穫する労働力はある程度整ってきていました。サクランボの収穫をしたことがない人がほとんどでしたが、この点についてはあまり心配していませんでした。なぜなら、毎年、初心者の方でもすぐに慣れて収穫量が増えてきていたからです。収穫については技術より忍耐が必要。ひたすら収穫できる集中力があるかどうかです。収穫する人はたくさん集めましたので、収穫量が例年より多くなることは間違いありませんでした。

私は、ある時点で、なっているサクランボを一気に収穫することを決断しました。通常は、赤いサクランボだけ収穫します。赤いといってもどの程度の赤さなのか、その基準を全員で共有することはとても難しいです。特に初心者の場合は、その判断ができず、考えすぎて手が動かなくなります。食味が上がってきたタイミングで、なっているサクランボは全て収穫するという指示を出しました。サクランボの樹を1本ずつ片付けていこうと思ったのです。当園には1000本以上のサクランボの樹があり、そうしないと間に合いません。赤くなっていないサクランボが収穫されるリスクもありますが、それは選果ではじいて加工用として活用しました。

5月下旬から7月上旬まで、サクランボの収穫作業が続きました。20ヶ所以上の園地がありますので、多くの人を一気に移動させるため、通常はお客様を乗せるマイクロバスを使いました。早朝5時から30人以上で収穫したことも

早朝5時サクランボ収穫ミーティング（2022.6.26撮影）

あります。収穫作業を管理する担当者には、今どこの園地が収穫できるのか、こまめに巡回させました。次に収穫する園地が決まっていることで、収穫作業部隊を迅速に動かすことができ、士気が上がります。

結果的に時間当たりの収穫量が徐々に増えていきました。当初、1人1時間当たり平均2キログラムほどだった収穫量は、6キログラムになり、最終的には8キログラムになる日もありました。収穫したばかりのサクランボが詰まったコンテナが山積みになって、収穫が終わったサクランボの樹が気持ちよさそうにしている風景は、心地いいものでした。

独自の選果基準で効率アップ

収穫の次の工程は、選果と箱詰めです。この工程の効率を上げることで、日々の出荷数量が増えます。まずは動線を変えるため、いつもはショップとして使用しているスペースを出荷場にしました。ショップはエアコンがある快適な環境で、サクランボも傷みにくいからです。新型コロナウイルス感染拡大を防止するため、ソーシャルディスタンスを取りながら出荷しなければなりません。収穫されたサクランボが入ったコンテナの入口と箱詰めされて出荷されていく出口を決め、一方通行にしました。そうすることで、密を避け、感染を防ぎます。出荷の効率化にもつながりました。

このサクランボ出荷については、正社員2名を担当者として配置しました。サクランボの収穫同様、出荷についても今までやったことがない初心者が多く、慣れていなかったため、「ワケあり倶楽部」のサクランボの規格をしっかり伝え、指導を徹底する必要がありました。「ワケあり倶楽部」は、形や大きさが不揃い、色付きが悪く、黒いシミがあるなど、見た目は悪いけれど、食べてみると美味しい旬の果物をお届けする頒布会企画です。ワケありサクランボの規格は、「大きさはM以上、半分以上着色しているもの、双子果は入れてもいいが、裂果した果実は入れない」です。双子のサクランボを見たことがありますか？サクランボが2つくっついている形状で、種も2つ入っています。前年度の花芽形成期の夏の気温や乾燥が関係しているようです。本来1つのめしべが2つになっていることで双子のサクランボになります。食べても美味しいし、大きいので食べごたえもあります。しかし、一般的に出荷する場合、双子果は規格外となり、市場には出回りません。双子果は大きくなる前に摘果作業で落とされているので、もともと収穫量が少ないのです。2020年は双子果がとても多い年で、紅秀峰で特に多く収穫されました。「ワケあり倶楽部」があったので、双子果を入れて出荷できましたが、市場出荷だけだったら、加工原料にするしかなかったでしょう。

双子さくらんぼ（2021.6.27撮影）

一般的には、着色は特秀、秀、〇秀、優など、大きさは、2L、L、Mなどに区分けされます。サクランボをサイズや大きさごとに分ける作業だけでも大変です。ワケありサクランボの規格は、通常のサクランボの規格よりかなり範囲を広く設定しました。規格の範囲が広いということは、箱に詰めていいサクランボの数が増え、出荷作業において通常より手間がかかりません。大量に収穫されるサクランボをその日のうちに全て出荷するために考えた当園独自の選果基準です。

資材の改良で出荷効率アップ

出荷する箱を変更することで効率化を図りました。従来は、箱と蓋が別々で、サクランボを箱詰めした後に、機械で梱包しなければなりませんでした。梱包する手間なんて大したことない、と思うかもしれません。しかし、ちょっとした手間が積み重なると、大きな負担になります。また、以前は箱に送り状を直接貼らないように、掛け紙をしてから梱包していましたが、この作業も出荷のスピードを落としていると判断し、段ボールメーカーと相談して、観音開きの箱をつくりました。サクランボを詰めて、緩衝材を入れて、テープで蓋をします。この流れを1人で完了できる箱にしました。

その後、責任者が数量を確認の上、送り状を貼ります。箱の天板には、送り状を貼る専用スペースをつくっています。サクランボは全て冷蔵で送るため、従来は運送会社から冷蔵シールをもらって貼っていましたが、それも手間だと考えて、段ボールの天板に冷蔵マークを印刷しました。

また、様々な商品アイテムをつくろうとすると、それだけで出荷に時間がかかります。それぞれの出荷切り替え時に、作業がストップするからです。その点、ワケあり倶楽部は1つの商品をずっとつくり続けるため、大量に出荷できます。独自の選果基準と出荷資材にした結果、1キログラムのサクランボを700ケース以上出荷できた日もありました。

「ワケあり倶楽部」は、合計7回、同じお客様に送る企画なので、送り状の作成も大きな課題でした。送り状の数が多くなり、ミスが発生しやすくなります。社内で送り状を作成することも検討しましたが、通常ギフトの送り状管理が例年並みにあります。今から内部の体制を整える時間はありません。そこで「ワケあり倶楽部」の送り状作成については、外部に委託することにしました。コストはかかりましたが、判断は間違っていませんでした。なぜなら、コロナの影響で巣ごもり需要が高まり、通販の売上が好調に推移し、通常ギフトの受注数が増えたからです。内部に余力があったからこそ受注できましたが、「ワケあり倶楽部」の送り状を内部で作成していたら、次の一手が打てず、通販の売上が落ちていたと思います。さらには、過重労働で離職につながっていたかもしれません。

「ワケあり倶楽部」のサクランボの出荷終了が視野に入った頃、果樹園にはまだまだサクランボが残っていました。そこで、すぐに「ワケありサクランボ」をネットショップで販売しました。「ワケあり倶楽部」で一度食べたお客様や「ワケあり倶楽部」を注文できなかったお客様に「ワケありサクランボ」をお買い上げいただきました。

失敗とお客様の声から学ぶこと

いいことばかりではなく、失敗もたくさんありました。

セイヨウナシとリンゴ、ラ・フランスと庄内柿は、違う果物を2箱重ねて発送する予定でした。「ワケあり倶楽部」を企画した4月には、この組合わせであれば、問題なく出荷できると考えていましたが、いざ出荷の段階になって多くの問題が出てきました。

セイヨウナシとリンゴを送るのは10月。セイヨウナシは収穫期がある程度決まっているので、それを冷蔵保管して、リンゴが収穫でき次第、2箱重ねて出荷する予定でした。リンゴは収穫期が早い早生ふじが中心でしたが、早生ふじは果肉がやわらかくなりやすい品種で、その年は集中豪雨があった影響で特にやわらかくなる傾向がありました。また、セイヨウナシについては、冷蔵保存していても、果肉の軟化が予想以上に進んでいました。出荷数量が多いので、必然的に出荷期間が長くなります。前半に出荷した商品は、安定した品質が保たれていたのですが、後半に出荷した商品は、品質にばらつきが出て、お客様からお叱りの言葉を頂戴しました。「ワケありだからこのくらいは」という甘えがあったのかもしれません。いくらワケあり商品でも、一定の品質を維持しないとお客様の満足にはつながりません。

この失敗の原因は、セイヨウナシとリンゴの収穫時期が違うため、それぞれのベストのタイミングで出荷できなかったことです。2回に分けて送ると余計に送料がかかるので、セイヨウナシとリンゴを2箱重ねて送る企画をしたのですが、見通しが甘かったのです。ご迷惑をおかけしたお客様には謝罪の上、再送して対応しました。

セイヨウナシとリンゴを送った翌月には、ラ・フランスと庄内柿を送るはずでしたが、セイヨウナシとリンゴの失敗を踏まえ、緊急に対応策を打ち合わせしました。庄内柿は、山形県の海側、庄内地方特産の柿です。平核無柿という渋柿で、収穫後、渋抜きして出荷します。当初は、出荷できる段階になってから当社に持ち込んでもらって、ラ・フランスと組み合わせて出荷する段取りでした。しかし、庄内柿は渋抜き後、やわらかくなる傾向があることと移動時間のロスを考慮して、庄内柿は単独で産地から直送することにしました。例年より庄内柿の収穫が早まってしまったこと、ラ・フランスの収穫が遅れたことも原因の一つです。お客様には前もってお知らせして、ご了承いただきました。

ラ・フランスは、最終便である12月のサンフジと組み合わせて出荷することにしました。例年、お歳暮シーズンに、ラ・フランスとサンフジを一緒に送っていた経験があったからです。セイヨウナシとリンゴの出荷に失敗したにもかかわらず、当初の予定通り、ラ・フランスと庄内柿を組み合わせて送っていたら、また同じような事態を招いていたかもしれません。

企画の途中であれ、お客様のために変えるべきものは変えていく。お客様の声に敏感に反応する。こんな気持ちを忘れてはいけません。

「ワケあり倶楽部」のサクランボについて、双子果がたくさん入っていたため、お客様から「気持ち悪いサクランボが入っていた」とご連絡をいただきました。「こんな商品が来るとは思わなかった」と途中で解約されたお客様もいます。全てのお客様に満足していただくことは、本当に難しいです。そんな中で、満足してくれたお客様がたくさんいたのも事実です。


「王将果樹園さんのワケあり倶楽部、めちゃめちゃ楽しませていただきました！！！！こんな贅沢にフルーツまみれの一年！最高でした！！！」

「半年間、おいしい果物を堪能させていただきました。来年もワケあり倶楽部があれば申し込みますし、なくてもモモやリンゴは注文したいと思っております！」

「半年間、本当に美味しい果物に出会えて幸せでした。まだしばらくは果樹園へ足を運べそうにないので、来年も同じような企画を是非お願いいたします」

「半年間のわくわくをありがとう。実によい買い物だった。来年もモモを買うし、いつか天童市にもいきたい」

「これで最終回。毎月の楽しみがなくなるから寂しいなぁ。でも来年は平年通り果物狩りできる事を祈ってます」

「どこがワケありなのかわからないくらい、みずみずしくて甘みもあっておいしい。農家さん救済になればいいなと頼んでみたけど正解でした」
「王将果樹園のワケあり倶楽部。ツイッターでバズっているのを見て注文。半年間7回旬のワケあり果物が届けられる。これのどこにワケがあるんだ…と思うくらい綺麗。普段買えないような特上の果物が安価で食べられる。最高。月一で幸せが届く。コロナの特別企画だけど来年もあったら絶対買っちゃう。最高」

この声はツイッターから拾いました。こうやって自分の運営している組織や商品名を検索し、インターネット上の評価を確認することを「エゴサーチ」といいます。この他にも、お電話、ファックス、メール、お手紙、年賀状などでお礼のお言葉をたくさんいただきました。そういえば、直接お会いした時に、お礼していただいた方もいました。お礼を言わなければいけないのはこちらのほうなのに。

「ワケあり倶楽部」は2021年以降も継続して受注しています。新商品として、わけられるワケあり倶楽部「わけワケ倶楽部」という商品もつくりました。お客さまからいただいたご意見を参考にして、マイナーチェンジをしながら、今後も販売を続けていきます。商品内容を知りたい方は、王将果樹園公式ネットショップをご覧ください。

6　サクランボを全量収穫して気づいたこと――コロナ禍で初めて得た自社データ

創業して50年、2020年は初めてサクランボ狩りをお休みしました。全量を私たちが収穫し、全量を私たちが販売しました。この初めての経験で得たもの、気づいたことがあります。

まずは、サクランボ収穫量のデータについて。今までは、お恥ずかしながら、自社のサクランボの生産量がわかりませんでした。なぜなら、サクランボ狩りのお客様が入園されるから。お客様が何人入園したかというデータはありますが、全園地の詳細な収穫量データはありません。2020年は、新型コロナウイルスの感染拡大防止のため、サクランボ狩りをお休みしたおかげで、園地ごと、品種ごと、収穫した人数、収穫した時間など、細かいデータを入手できました。560アールでおよそ17トンの収穫量。10アール当たり約300キログラムになります。一般的な収穫量とされる10アール当たり300キログラムから400キログラムの範囲内でした。このデータをもとに、これからの生産計画、販売計画をつくっていくことができます。

次に、観光農業の大変さに気づきました。それまで、観光農業を受け入れるにあたって、当然のように1日の作業スケジュールをお客様に合わせていました。しかし、私たちだけなら、収穫、出荷、販売を、私たちのペースで作業することが可能です。みんなで一斉に休憩することができ、お客様を待つという行為もありません。戦力の分散がないので、集中して大きな力を発揮することができます。お客様をお迎えする日々の準備作業をする必要がなく、ショップやカフェ、園地、トイレの掃除、つり銭の準備、商品の発注などの業務がなくなりました。入園受付や入園案内も必要ありません。今まで、儲かると思って当たり前にやってきた観光農業について、「今まで大変な事業をやってきたんだなぁ」と考えるようになりました。観光農業は、自分がイメージした通りに儲かっていたのか。もっと違うやり方はないのか。一から見直すきっかけになりました。

この経験から検討を重ね、対策を考えた上で、8月以降、観光農業を再開しました。詳しくは第6章「1　観光農業の再開に向けて始動」でご紹介します。

今回の大きなピンチも、先代が積み上げてきてくれた顧客リストが私たちを救ってくれました。当園では約10000名の顧客リストを管理しており、年間4回のダイレクトメールや週に1度の

SNSで心の"交流"
休業続いた観光果樹園
農と食のこれから 新たな日常 下
地域との絆が勇気に

日本農業新聞
(2020.9.1掲載)

メールマガジンを中心に果樹園の最新情報をお知らせしています。コロナ禍で観光農業事業が大きく売上を落とす中、通信販売事業では多くのお客様からご注文いただきました。私が好きな落語に、火事になった時に、江戸の商人が最初に持ち出すのは、お得意先の台帳という話があります。顧客リストはいつの時代も大事な宝物です。

第6章

観光農業の再開

――ニューノーマル観光農業

1　観光農業の再開に向けて始動──フルーツ狩りとショップ&カフェの再開

ブドウ狩りの受入れ再開

2020年5月16日にオープンする予定だったショップ&カフェ、サクランボ狩りの受入れは、新型コロナウイルス感染拡大防止のために、全面的にお休みしました。その後、感染者数が減少し、緊急事態宣言が解除されたので、8月11日にショップ&カフェをオープンし、ブドウ狩りの受入れを始めました。再開を実現するまでの約4ヶ月間、コロナ禍にお客様を受け入れるための準備を着々と重ねました。

本来であれば、ブドウ狩りとモモ狩りを同日オープンするのですが、まずは、感染拡大防止策がとりやすいブドウ狩りだけオープンすることにしました。ブドウ狩りは、全ての園地が全天候型で雨でも心配ありません。しかし、モモ狩りは、雨よけ施設があるのは一部だけで、もし雨が降れば雨よけハウス内で密になります。また、皮を剥く際にナイフを使用するので、備品を介して感染するリスクがあります。一方、ブドウ狩りは、収穫する際にハサミは使いますが、食べる部分に触れることはありません。

ブドウ狩りのお客様には、受付で入園者の情報を記入していただき、体温計測を行います。ブドウ畑までの移動はマイクロバスを使用しますが、バス内の定期的な換気と消毒を徹底しました。マイクロバスの運転手がブドウ狩りの案内を兼務することで、感染の拡大を最小限に抑えようと考え、主に私が運転手兼案内係を務めました。ブドウ狩りをする際には、使い捨ての手袋をしていただき、皮や種などは自分でビニール袋に入れていただきました。常にソーシャルディスタンスを意識してもらい、もちろん、手指消毒とマスク着用は必須です。

5月21日、山形県知事と面談する機会がありました。山形県農業法人協会を代表して「新型コロナウイルス感染症の影響による農業支援施策」に関する緊急要請書を提出するためです。その際に、「観光農園のガイドライン」をつくってほしいと要望しました。飲食や宿泊などのガイドラインはたくさん出ていましたが、観光農園のガイドラインはありませんでした。観光農園の運営には、感染が拡大するリスクが隠れているため、観光農園なりの感染拡大防止策が必要だと考えたのです。山形には、サクランボの種飛ばし大会というイベントがあります。そのおかげで、サクランボを食べた後に、種を思いっきり吹き出すお客様がいます。コロナ禍でこういう行為は飛沫感染につながります。また、入園時の残渣（果物の食べ残しや皮、種など）については、何も対応しなければ、最後に処理するスタッフへの感染リスクが高まります。

知事及び担当部局幹部の方々からご配慮いただき、すぐに農林水産部の担当者が来園され、詳しくヒアリングをしていただきました。5月29日には、山形県農林水産部から「観光農園における新型コロナウイルス感染拡大を予防するための工夫（例）」として一般に公開されました。おそらく、日本で一番早い観光農園向けのガイドラインだったと思います。

このガイドラインを参考に、ブドウ狩りの入園者を受け入れました。例年より、入園者数は少なかったものの、休日を中心に家族連れのお客様にお楽しみいただきました。9月下旬からはリンゴ狩りの受入れを行う予定でしたが、モモ狩りと同じ理由で中止しました。

ショップ&カフェの再開

ショップ&カフェは、密になりやすい場所です。まずは、ショップとカフェの入口を別々にしました。表口はショップ、裏口をカフェの入口にしました。

ショップはアイテム数を絞り、密にならないように通路を広く確保しました。

5月~7月のサクランボシーズンは、ショップ&カフェをお休みしましたが、安価で売れ筋の商品は、屋外に無人販売コーナーを設け、そこで販売しました。感染拡大防止のため、お金は郵便受けに入れてもらうシステムです。これが思った以上に好評で、たくさんのお客様にご利用いただきました。近隣地域に固定客ができて、何度も足を運んでくださいました。人件費などのコストを抑えて販売する

無人販売の様子（2021.8.13撮影）

ので、お手頃価格を実現できます。事務所にいると、郵便受けにお金が入る音が聞こえます。神社のお賽銭のような感じでしょうか。聞こえる度に、頭を下げてしまいます。多いときは無人販売だけで1日10万円以上売り上げました。並べ方や形態、価格設定、ポップを工夫しました。売れてくると担当者のモチベーションが上がります。サクランボシーズン後の8月に再開したショップ&カフェは、11月23日にクローズしたのですが、その後も無人販売だけは継続しました。年末には、24時間営業の無人販売を実現するべく「くだものじはんき」が登場します。くだものじはんきについては、本章「3　くだものじはんき」で詳しくご紹介します。

カフェは、屋内席を全て撤去、2階のラウンジ席は封鎖し、完全にテイクアウトに切り替えました。来園されるお客様は、ほとんどが自家用車でいらっしゃいます。車の中で召し上がってもらう「ドライブインカフェ」を目指しました。そのために、パフェの容器をテイクアウト用に変えました。安定性のいい容器に変えることで、持ち運びしやすく、車のドリンクホルダーに対応できるようにしました。容器の容量が増えたことで、ボリュームアップしてしまいましたが。

他にも感染拡大防止対策として以下のことを行いました。

- 屋外にゴミ箱を複数設置しました。食べ終わったゴミを従来から使用している屋内のゴミ箱に持ち込むと、密ができやすいと考えたからです。
- 高額紙幣が使用できる券売機を設置して、事前にオーダーを決めてから並んでもらうことで、屋内に入る人数を制限することができました。屋内にはフロアマーカーを設置して、お客様同士の距離をあけて並んでいただけるようお願いしました。

●ショップ&カフェの正面入口には、ホワイトボードを活用した総合案内を掲示し、コロナ禍で変更したこと、お願いしたいことをまとめて書き、お客様にご覧いただきました。また、果物狩りの担当者が、同じ場所に立ち、どうしたらいいかわからないお客様のお問合せにワンストップで回答できるようにしました。

●ショップ&カフェの営業時間を30分から60分ほど短縮して、店内の消毒作業を行いました。

●コロナ前、シーズン中は無休でしたが、水曜日を定休日にしました。定期的にみんなで休むことで、体力を回復させ、コロナに負けない健康管理をすることが大事だと思ったからです。

8月のオープンから、徐々にお客様の数が増え、お盆、夏休みは予想以上に賑わいました。しかし、コロナ前のような忙しさにはなりませんでした。7月22日にGoToトラベルが始まり、山形県プレミアム付きクーポン券、天童市プレミアム付き商品券など、数々の支援策が打ち出され

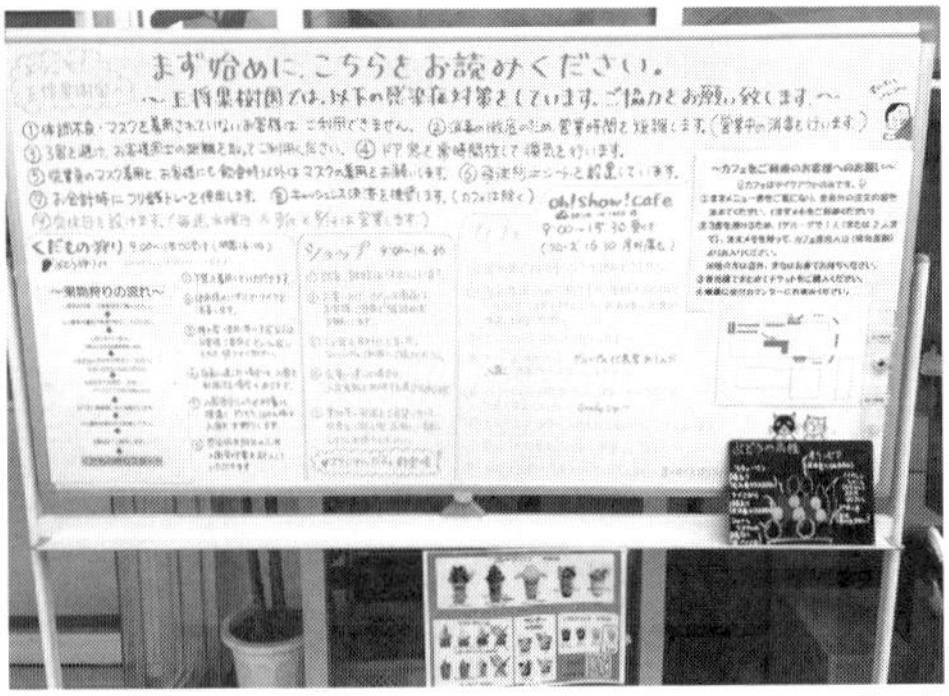

コロナ対策のホワイトボード

ましたが、結果的に8月の売上は前年の半分くらいでした。

2 お客様が戻ってきた！──パフェ目当てに90分待ちの行列！

9月に入ると、修学旅行の団体が入り始め、県外のお客様が増えてきました。そして、敬老の日と秋分の日が続く三連休。ここで、今までの自粛ムードが一気に緩んだような気がします。三連休中日の9月21日は、たくさんのお客様にご来園いただきました。15時にクローズするカフェにおよそ90分待ちの大行列ができました。お並びいただいているお客様には、全員に提供できるように対応しました。列の最後尾にはスタッフが立ち、今から並ぼうとするお客様に事情を説明し、お詫びをしてお帰りいただきました。「平日か、土日祝なら午前中にいらっしゃるとスムーズにお召し上がりいただけます」と、次回またご来園いただけるようにお声がけもしました。

それでも、前年対比の売上は、9月は60パーセント、10月は70パーセント、11月も70パーセント。70パーセントを上回る売上をつくることは、非常に厳しい状況でした。なぜなら、団体のお客様がないからです。土日は個人のお客様でいっぱいになっても、平日は来園者数が減ります。平日の団体のお客様がなくなり、外国人観光客の姿も消えました。売上の大きな柱を失ったのです。しかし、団体のお客様も外国人のお客様も、私たちがいくら努力してもすぐに戻ってくるわけではありません。コロナ収束という私たちにはどうしようもない大きな壁が立ちはだかっています。だけど、悪いことだけではありません。団体客とインバウンドはなくなりましたが、個人客と国内のお客様は増えました。

そして、この相反する2つの旅行形態を比較すると、この先の未来が見えてきました。団体とインバウンドのお客様は、誰かに連れられてご来園しています。言い方を換えれば、「行きたくないところでも行かないといけない」ということです。王将果樹園が目的地ではなく、たまたま、旅行の行程に入っていたのかもしれません。団体の中には、当社を目的としていらっしゃるお客様もいますが、大半はそうではありません。一方、国内の個人客の多くは、ネットで事前に検索して、予約していらっしゃいます。すでに当社のことを知っているお客様がほとんど、山形が大好きな方がほとんどです。

そして、この両者の決定的な違いは、リピートしてく

デジタルサイネージで入園ルールを動画で説明し、カフェ待ち時間を信号で見える化（2021.8.10撮影）

カフェの行列が90分待ちに（2020.9.21撮影）

れるお客様かどうかという点です。その点では、圧倒的に日本人の個人客のほうがリピートしてくれる可能性が高いです。そして、比較的近い地域にお住まいの方のほうが多くなります。「あのお店よかったよ！」というクチコミをしていただければ、お客様の数はどんどん増えていきます。

「感動する商品やサービスを提供することで、お客様を増やしていく」

団体客、外国人観光客が減って、売上を落としたことは大きなピンチでしたが、国内の個人客が増えたことは、チャンスでした。来ていただいたお客様に、感動する商品やサービスを提供する機会をいただきました。自分ではどうしようもないことで頭を悩ませているより、冷静に今できることを探ることです。

また、平日にお客様が減ったおかげで、収穫、出荷に力を入れることができました。ネット通販や6次産業化など複数の販売チャネルを持っていたことで助けられました。もし、当社が通販や6次産業化のない観光農園だったら、コロナ禍で押しつぶされていたかもしれません。

地元のお客様に認知されたカフェ事業は、国や自治体から移動制限をかけられても、大きく数字を落とすことはありませんでした。県境をまたぐ移動は自粛を求められましたが、マイクロツーリズムが普及したことで近隣からの来店客が増え、当社の売上を引っ張ってくれたのです。2021年には、カフェの待ち時間を駐車場からでも確認できるように見える化しました。赤信号は60分待ち、黄信号は30分待ち、青信号はほぼ待ち時間なしといった感じです。

3 くだものじはんき――自動販売機で果物を売る

２０２０年12月25日、「くだものじはんき」をオープンしました。「くだものじはんき」は、24時間営業の無人販売です。旬のくだものをはじめ、山形県産の加工品を合計36窓の自販機で販売します。販売価格は１００円～５００円です。王将果樹園駐車場内、国道48号線沿いに「くだものじはんき」を設置しました。赤い看板と真っ赤な自販機が目印です。

国道48号線は、宮城県仙台市と山形県天童市を結ぶ大動脈で、交通量が非常に多い道路です。王将果樹園ショップ＆カフェは、5月中旬から11月下旬までの季節営業で、冬期間と夜間の販売力のアップが課題でした。ウィズコロナ時代を迎え、感染拡大防止対策と従来からある販売の課題を解決するため、有人販売から無人販売へ販売方法の転換を実現するべく、投資を行いました。

「果物を自販機で売りたい！」この思いは就農当時から持っていました。場所やイメージも明確

自販機導入に本腰

天童 国道48号沿いの「王将果樹園」

果物や加工品 通年で販売

ギョーザ登場 商品多彩に

河北新報提供
（2021.11.26掲載）

に持っていました。あとは、お金とタイミング、そして、実現に向けての具体的なアプローチです。

２０２０年の春、農林水産省からコロナ対策助成金として「経営継続補助金」がリリースされました。その内容を見た時、「これならいける！」と思いました。そう思えたのは、すでにやりたいことの具体的なイメージがあったからです。コイン販売機３台、カーポート、看板、電気工事の見積りや申請書などをすぐにまとめることができました。無事に採択され、販売機には「くだものじはんき」と名付け、オープンしました。ＳＮＳで発信したところ、同業者からの反応が大きく、「うちもやってみたい」「その機械はどこで売っているんですか？」などの声をたくさん聞きました。「くだものじはんき」の販売数は当初の予想を上回り、土日には完売してしまうこともあります。

「くだものじはんき」のこだわりは、目立つように真っ赤な自販機にしたこと。売ることも大事ですが、この自販機には看板の役割があります。農業振興地域なので、国道沿いとはいえ、夜は真っ暗です。その中に、真っ赤な自販機が明るく照らされている風景をつくりたかったのです。ここが果物の産地であることを、夜も発信したいと考えました。

「くだものじはんき」の横には、１００円で買えるこちらも真っ赤なジュースの自販機を設置しています。「休憩しながらくだものも買える」国道48号線の新たな立ち寄りスポットをつくりたいと考えました。「くだものじはんき」は、小銭しか使用できません。小銭がない場合は、隣の自販機でジュースを買っていただき、そのおつりで果物を買ってもらうようにしました。

また、「くだものじはんき」では、果物以外に当社のオリジナルせんべいを販売しています。このせんべいは、山形県内で私の同級生がつくっているワケありせんべいです。当社の原料は使用していませんが、プライベートブランド商品として製造していただいています。自販機のお客様を想定した時、地元で農業をしている方々の顔が頭に浮かびました。ショップでは、このせんべいが常に売上上位にランクされていたので、「くだものじはんき」でも売りたいと思いました。「果物はつくってるからノーチャンスでも、せんべいなら売れるかも」そう思ったのです。地元の方々に愛される名物商品をつくりたい、と。ここでしか買えない商品で、かつ、プライベートブランドのせんべいであれば、価格でも他に負けることはありません。ショップでは216円で、自販機では200円で販売しています。間違いなくベストレートです。さらに、くだものと違い、季節を問わず常時販売できる商品でもあります。

まずは、「くだものじはんき」を認知してもらうこと、次に買ってもらうこと。そして、通る度に立ち寄ってもらうこととクチコミしてもらうこと。このそれぞれの人数を増やすことで、販売数量が増えていきます。

2020年12月に自販機3台36窓からスタートした自販機事業は、サクランボ、モモ、ブドウ、ラ・フランス、リンゴなどの旬の果物が手軽に買える「くだものじはんき」に続き、

国道48号線沿いに 並んだ自販機	ろくじか じはんき
ノウフク じはんき	48餃子
障がいを持つ 仲間と (2022.4.18撮影)	さくらんぼの カプセルトイ

２０２１年9月には「のみものじはんき」、11月には「ろくじかじはんき」、２０２２年3月には「ノウフクじはんき」を設置し、現在は6機種、合計12台の自動販売機を並べています。「のみものじはんき」では、王将果樹園オリジナルジュースを買うことができます。「ろくじかじはんき」では、王将果樹園の社員食堂で人気の48餃子やおすすめの6次産業化商品が買えます。「ノウフクじはんき」では、王将果樹園の農福連携に関連した商品や、近隣の障がい者施設でつくられた食品を販売しています。

無人販売つながりでいくと、お子さんが大好きな「ガチャガチャ」「ガチャポン」と呼ばれるカプセルトイ販売機を導入したのも、２０２０年でした。

4 「王将果樹園　ＡＩＲ農園部」——ラ・フランスをオンラインのライブで売る

「王将果樹園　ＡＩＲ農園部」は、オンラインでお客様と農園をつなぎ、生産者との会話を楽しんでいただきながら果樹園にご案内し、画面上で一緒に収穫などの農業体験をし、一緒に収穫した果物は、出荷調整した上でお客様にお届けする「次世代型のようなアナログ通販」企画です。離れた場所からのオンラインだからこそ、通常お客様をご案内できない場所で、今まで農家しかできなかった作業に参加できる、現地観光では味わえないリアルさが醍醐味です。果樹生産の一番大事で一番難しい剪定作業の現場からオンラインでつなぐなど、栽培方法も指導して「本当の果物好き」が集う部活のような集まりを目指しています。

さらに「王将果樹園　AIR農園部」の設立と同時に開設した「王将果樹園ユーチューブチャンネル」で、収穫したラ・フランスが今どこでどんな状態にあるのかなど、出荷されるまでの動画を配信しています。ラ・フランスの食べ頃についても、具体的に動画で見てもらうことで、より美味しい時期にお召し上がりいただけるようになりました。ユーチューブは、その他にも、旬の果物の食べ頃の見極め方を解説した動画など、お客様が知りたい情報をお届けするコンテンツとして活用しています。ユーチューブについては、第3章「8　王将果樹園ユーチューブチャンネル」で詳しく説明しています。

「新型コロナウイルス感染拡大のため、「行きたいけど行けない」というお客様に喜んでもらいたい」「お客様と私たちをつなぐコミュニケーションツールだったサクランボ狩りはお休みしましたが、これまで築いてきたお客様とのつながりを断たせてはならない」、そんな思いからスタートしたのがこの事業です。直接のコミュニケーションを図ることが困難な状況だからこそ、細やかな対応でお客様と密につながりたいと考えました。

AIR ラ・フランス狩りの様子（2020.10.18撮影）

２０２０年10月18日、「王将果樹園　ＡＩＲ農園部」の第一弾のイベントとして、5組限定でラ・フランスＡＩＲ収穫体験を開催することが決まりました。当社のメルマガで告知し、メルマガ読者限定で募集したところ、10組の応募があり、抽選して5組を決定しました。参加費は無料で、一緒に収穫したラ・フランスの分だけお支払いいただくシステムです。一玉３００円から５００円。送料と箱代を別途いただきました。当日は、ウェブ会議ツールのオンラインミーティング機能を活用して、ラ・フランスの疑似収穫体験をしていただきました。私がお客様とオンラインで直接お話ししながら、ラ・フランスの収穫体験にご案内し、1組当たり30分から45分のお時間でお楽しみいただきました。収穫したラ・フランスは、冷蔵庫で予冷して、後日お客様のご自宅にお届けします。無料で参加できるので、買わないという選択もありです。オンラインでラ・フランスＡＩＲ収穫体験に参加して、私とお話ししてから「収穫する、しない」を決めていただいてＯＫ。幸い、全組のお客様からお買い上げいただきました。

広島、神奈川、東京、宮城から参加していただき、参加者からは、「いつもは見られない光景に癒された」「山形の果物のファンなので、農園や果樹を見て気分が高まった。距離は遠いが訪ねてみたい」、お子様連れの参加者からは「どんな人がどんな風に果物をつくっているのか知ることができてよかった」という声が聞かれました。

また、ウェブを通してですが、お客様が私たちに何を求めているのか、素直なご意見を直接聞くことができました。お客様の要望を知ることは、果樹園の代表として非常に大事な仕事です。
以前からお客様と直接つながる、こんなイベントをしたいと考えていました。開催のノウハウがないことや準備する時間が取れなかったため、実現できずにいましたが、新型コロナウイルス感染拡大により、ウェブ会議ツールが一般的に普及したからこそ実現できました。同時にコストや時間的制約を最小限に抑えながら開催できることを知りました。

ラ・フランスの収穫は果肉がかたいうちに行います。収穫してすぐ食べられないので、現状、「ラ・フランス狩り」は受け入れていません。また、ラ・フランスは全て同じような色で、他の果物と違い果皮の色などで美味しさを判断できません。皆さん、サクランボやリンゴは、赤いほうが美味しいことは知っていますよね。糖度計を使用すれば甘さもわかりますが、果物を買うときに糖度計を持っている人はいません。しかし、樹になっている状態であれば、どれが美味しいラ・フランスかわかります。日当たりがいい場所になっているラ・フランスは間違いなく美味しいからです。AIR収穫体験なら、収穫するラ・フランス

離れても秋満喫
ラ・フランス疑似収穫
果樹園、栽培法も紹介
天童
オンラインでラ・フランスの生育状況などを説明する矢萩社長

河北新報提供
（2020.10.22掲載）

を自分で選んで、美味しいラ・フランスを買うことができます。

ＡＩＲ農園部には、別の狙いもありました。将来的にリアルな「ラ・フランス狩り」を実施したいと考えていますが、課題はたくさんあり、今回のＡＩＲ収穫体験を開催したことでその課題の解決が見えてきました。

また、ライブコマースで「テレビショッピングのように果物を売りたい」という目標に向けても、手ごたえをつかみました。

5　社員食堂――健康経営は食べるものから

一緒に働く仲間のランチの内容を見ていると、カップラーメンやコンビニ弁当など、メニューが偏っていることに気づきました。日替わりでお弁当を配達してくれる業者さんがあるのですが、どうしても自分が好きなものだけを食べてしまっています。かくいう私も同じような状態でした。

「社員食堂をつくって、働く仲間にあたたかいランチを提供したい」

かなり前からそう思っていました。

離農した農家の自宅を買い取って研修棟にしたことで、社員食堂の場所ができました。調理するのは私の母です。母は農作業はしていますが、第一線からは退いています。社員食堂のことを相談すると、快く引き受けてくれました。社員が当番で2人ずつ昼食の準備を手伝っています。

２０２０年12月16日にスタートし、毎週水曜日を社員食堂の日にしました。最初のメニューはカレーライス。デザートはもちろんリンゴとラ・フランス。社員の家族がつくった漬け物も添えました。一緒に働く仲間からは大好評でした。

社員食堂は、ただ昼食を食べるだけでなく、新商品の試食をしたり、情報交換をしたりする場所にもなりました。また、食べるものを変えることで、自分の健康を考える機会にしてほしいと思いました。私たちは、果物をつくってお客様に召し上がっていただいています。みんなで食べ物について考える時間を持つことで、今後の作業に活きてくると考えました。

母への配慮も頭にありました。第一線から退いたとはいえ、会社の現状は気になっているのに、スタッフと話す機会が少なくなっています。ランチタイムにスタッフに触れ、母なりに感じることがあり、それを共有できれば会社をよりいい方向へ導くことができます。

おそらく、母は社員食堂で出た話題を父に報告している

社員食堂の様子（2021.12.8撮影）

と思います。今でも、私は父とはそんなに会話がありません。そんな私と父の橋渡しをしているのが母です。母に昼食をつくってもらい、会社の現状を肌で感じてもらうことは父への報告でもあると思っています。

私たちが父や母にかなわないことは、経験です。この会社の歴史を知っていて「昔はこうだった」という話をよく聞きますが、「またか」と否定的にとらえると何も生まれません。肯定的にとらえていくと、今後に役立つヒントが隠れていたりします。

2018年に農林水産大臣賞を受賞して、祝賀会を開催していただいた時の話です。

祝賀会の二次会で同級生から、「お前、親孝行したなぁ」と言われました。なぜかと聞いたら、父が祝賀会会場に飾られていた農林水産大臣賞受賞式の写真をしみじみと見ながら、とっても誇らしげな顔をしていたそうです。父のその背中がすごく印象的だったと。いくら大きくなっても子どものことは気になるものなのですね。私も親になって父の気持ちを痛感しています。

父美明、母洋子と　農林水産大臣賞受賞祝賀会にて
(2019.4.25撮影)

第7章

50歳で社長を退任する理由

――家族そして仲間たちへ

サクランボの花が
満開の果樹園にて
(2022.4.1撮影)

1　兄弟で農業法人を経営するということ

「兄弟でやっている会社はうまくいかない」そんな話をよく聞きます。しかし、私たちは15年以上兄弟で農業法人を経営しています。今では天童市の中でも有名な兄弟になったようです。自分で言うのも恥ずかしいのですが。

私たちはあるルールを決めています。それは、お互いの妻を会社に入れないことです。繁忙期の収穫の手伝いなどはＯＫです。しかし、役員や常時雇用はＮＧです。

兄弟で会社を経営して失敗したケースを聞くと、兄弟同士はうまくいっていても、妻同士がぶつかって、その争いに兄弟が巻き込まれていく。こんな不幸なパターンが数多くあるようです。兄弟同士は血を分けた仲ですが、妻同士は他人で、争い出すと家庭だけでなく、会社の中までおかしくなってしまいます。個人的なことを会社に持ち込まず、法人と個人をしっかりと区別し、お互いに不満を持たないように気をつけています。私も弟も会社から離れた場所でそれぞれの家族と暮らし、仕事とプライベートをうまく分けられていることも、いい関係を維持できている要因です。

私は学生時代に観光を学び、農業に関することはまったく勉強していません。一方、弟は農業高校、農業大学、果樹関連の研修所に入って農業を勉強しました。私が学んだ「観光」と弟が学んだ「農業」は、当社事業の大きな柱です。それぞれの専門分野で力を発揮することができています。

また、栽培している樹種を2人で分けて担当し管理しています。私がセイヨウナシとリンゴ、弟がモモとブドウです。サクランボは栽培面積が広いので2人で協力して管理しています。

弟を私の後継者として指名したことがお互いのモチベーションを上げています。詳しくは次の「2　これから」でご紹介します。

2　これから

将来なくなってしまう職業がたくさん出てくるという話を耳にします。AI（人工知能）が進化し、ロボットが今ある仕事をやってしまう可能性があるということです。しかし私は、ロボットだけではできない産業が4つあると考えています。1つ目は「教育」です。2つ目は「医療」。3つ目は「観光」。そして、最後は「農業」です。この4つを組み合わせて、新たな農業を創造したいと考えています。

6次産業、農泊、食育、農福連携、スマート農業、農業医療ツーリズムなどを推進して、持続的に発展し、多くの人に必要とされ、残り続ける農業法人に育てていきます。子ども、高齢者、障がい者、外国人、誰もが気軽に体験したり、楽しんだりできるユニバーサル農業の実現に向けて精進します。

私は50歳で社長を退任します。このことは、かなり前から様々な場面で公言してきました。理由は、「死ぬまで社長」という農業界の悪しき慣習をぶっ壊すためです。後継者には後継者なりの農業経営に対する考え方があります。私の後継者は、４歳差の実弟で現在専務をしている矢萩洋美です。私が50歳で社長を辞めれば、彼は46歳。一般的な退任年齢である六十代まで社長を続けることもできますが、そうすると彼は五十代から六十代になっています。できれば四十代で社長に就任させたいと考えました。それは、私の経験上、年代によってチャレンジできることが違うからです。長期的な視点で持続可能な農業経営を行うには、後継者を若返りさせる必要があります。社長の退任時期を明確にすることで、後継者は社長になるために準備を重ねますし、私は残りの時間を意識して自分がやりたいこと、やるべきことを実現しています。

さて、父のように黙って文句を言わずに次世代にバトンタッチできるでしょうか。

私には、娘２人、息子１人の３人の子どもがいます。私は今、社長として、この「子どもたちが継ぎたくなるような農業経営」を目指しています。

息子が小学生の頃、七夕の短冊に「お父さんの会社の四代目社長になれますように」と書いてくれました。でも、翌年の短冊には「医者になりたい」と。まだまだ、私の努力が足りないですね。その短冊は、今でも愛用のビジネスバックに忍ばせています。「もしも継いでもらえるなら娘のほうがいいかな」。息子だと、大喧嘩するかもしれないですからね。私の経験上。

校外学習受入れの様子	草刈りロボット
思いやり駐車スペース	オーニング設置

歴史は繰り返すと言いますし。

後継者をつくるのは社長の大事な仕事です。未来の後継者の決定と育成については、実弟におまかせしたいと思います。

社長として残された時間は限られていますが、これからも力が続く限り、一緒に働く仲間と、笑顔で、山形県の「農業」と「観光」を発展させるために汗を流していきます。

3 祖父への手紙

ぢいちゃんへ
ぢいちゃんが亡くなってから、早いもので16年になります。

多分、今ぢいちゃんが生き返ったとしたら、ビックリするだろうなぁ。畑も広くなったし、店も新しくなったし。それを見たぢいちゃんの顔が見たかったなぁ。

親父と喧嘩して家出した時は、本当に心配をかけました。でも、あれがあったから今があると思います。

もし、ぢいちゃんが呼び戻してくれなかったら、今もサラリーマンをしていたかもね。まったく違った人生を送っていたかな。

今は呼び戻してくれたことに感謝しかありません。ちゃんとお礼を言っていなかったので、あらためて「ありがとうございます」。

ひろみちゃんとも親父とも、今のところ、うまくやっていますので、ご心配なく。

全ては、ぢいちゃんとばあちゃんが植えたサクランボからはじまったんだね。

これからも大事に受け継いでいきます。

ぢいちゃんの話になると、俺の結婚披露宴が話題になります。2人で御神輿にかつがれて出てきた場面が忘れられません。

初ひ孫のさくらの後に、虎之助、さゆりも生まれ、元気に大きくなっています。

ばあちゃんが早く亡くなって、1人、畑で頑張るぢいちゃんの背中を見てきました。天国でばあちゃんと再会できたかな？たまには、2人で夢に出てきて、いろいろ教えてください。

会ったことがないご先祖様にもよろしくお伝えください。

それでは、また会える日まで。

これからも、ぢいちゃんの分まで頑張ります。

見守っていてください。

おわりに

この本は、ある出会いから生まれました。「いつか本を書きたい」と思っていた私の背中を押してくれた農業経済学の研究者、早稲田大学名誉教授の堀口健治先生。そして、出版社をご紹介いただいた経営学者でマーケティングが研究領域の神戸大学教授、栗木契先生。

「出会うべき人には必ず出会う」まさにこの言葉通りでした。思い返すと、そんな出会いをたくさんして、多くの人に助けられて、この場所にたどり着いたような気がします。

2021年の1月から約1ヶ月で一気にこの原稿を書き上げました。数年前から講演などでお話しする機会はあるものの、時間に制限があり、深く伝えられないことにもどかしさを感じていました。私たちが経験してきたことを知っていただくことで、読んでいただいた方に「嬉しい未来」が訪れることを切に願っています。

この本を書いたことで、今までの道程をあらためて振り返ることができました。「未来が知りたければ過去を学べ」と言いますが、これまでやってきたことを整理できたことで、これからやるべきことがはっきり見えてきました。

「よくここまできたなぁ」というのが正直な思いです。ただただ幸運だったのかもしれません。「運も実力の内」そう考えることにします。

あえて最後に一つ読者の皆さんにアドバイスするとすれば、やりたいことや実現したいことがあれば、まずは「思うこと」です。そして、それをまわりの人に「知らせること」。そして、一生懸命に「具体的に動く」ことで、あなたのやりたいことや実現したいことに協力してくれる人と必ず出会えます。

結びになりますが、入稿前にアドバイスをいただいたリンクシップの伊藤洋子さま、入稿から出版まで優しく導いてくれた中央経済社編集長の市田由紀子さま、本当にお世話になりました。ありがとうございました。

そして、仕事人間の私を見捨てず支え続けてくれた妻、子どもたち、父、母、弟、妹、一緒に働く仲間たち、そして、これまで出会ってくれた全ての人に感謝申し上げます。

2023年さくらんぼが紅くなる頃

株式会社やまがたさくらんぼファーム
代表取締役　矢萩美智

解説

経営における人としての矢萩美智氏の魅力を読み解く

栗木　契（神戸大学大学院経営学研究科教授）

▼リアリティのある問題として経営を学ぶ

本書は、リアリティのある問題として経営を学ぶための優れた書籍となっている。本書では、農業経営にかかわる矢萩美智氏の四半世紀ほどの歩みが語られる。本書のなかでは、日本の農業の課題、家族とのかかわりなども取り上げられるが、多くの紙幅が経営の問題に割かれている。そのために農業以外の経営にかかわる方にとっても、本書は多くの示唆を与える書籍となっている。

矢萩氏が経営する株式会社やまがたさくらんぼファームは、山形県天童市にあって、果樹の栽培を祖業とする企業である。そして現在のやまがたさくらんぼファームは、果実の生産にとどまらず、販売、観光、加工、飲食へと事業の幅を広げている。こうした一般の人々とも接点がある領域へと活動が広がっていることが、本書の内容を、部外者にもイメージしやすいものとしている。

そこに平易でわかりやすい記述があいまって、本書は、経営という実践について学ぼうとする学生やビジネスパーソンなどの幅広い人たちが、リアリティのある問題として経営を知り、考えを深めるための格好のテキストとなっている。さらにいえば、本書では、日々学び続ける人としての矢萩氏のしなやかな歩みと悩みが赤裸々に語られており、これが読む人を刺激し、魅了する。本書を読み終えて感じる充実感は、矢萩氏の柔らかで芯の強い人としての歩みへの共感がもたらすものだと思う。

▼経営とは何をすることなのか

本書の柱をなす経営とは、一体どういう行為なのか。経営とは、組織や集団がヒト、モノ、カネの問題にかかわりながら、自らが生き抜いていくための道筋を切り拓いていくための舵取りをすることである。では、そのためには何を行うことが必要なのだろうか。

日本の経営学の指導的立場にある伊丹敬之氏と加護野忠男氏は、その著書『ゼミナール経営学入門』（日本経済新聞社、第3版、２００３年）のなかで、経営とは何をすることなのかと問うている。そして、企業の経営には、環境のマネジメント、組織のマネジメント、矛盾と発展のマネジメントの3つのマネジメントが必要になると述べている。経営とは何か一つのことをなす営みではない。そこには各種の複眼的なバランス感覚が必要になる。

伊丹氏と加護野氏がいう環境のマネジメントの課題となるのは、組織の外部の世界との関係づくりである。企業をはじめとする組織には外部があり、この外の世界との関係づくりが欠かせない。経営は顧客を開拓し、原材料などの仕入れを行い、資金を調達し、人を雇用するなど、ヒト、モノ、カネにかかわる各種の市場と向き合いながら、組織のインプットとアウトプットを方向づける意思決定や行動にかかわらなければならない。

これに対して組織のマネジメントは、内部に向けた取組みとなる。そこでは組織内の分業と協働を導き、望ましい方向へといかに組織の成員の行動を進めるかが経営の課題となる。

矛盾と発展のマネジメントは、事業がダイナミックで変化の止まない活動であることに関連する。経営は、環境の変化に直面したり、事業の革新に挑んだりしながら、絶えざる矛盾を受け止め、発展の機会に向き合い続けなければならない。このダイナミックな問題への対応も、経営は欠かしてはならない。

経営について学び、考えを深めるためのテキストとしての本書の魅力は、これらの3つのマネジメントの問題がバランスよく取り上げられることである。矢萩氏は長らく経営者として、やまがたさくらんぼファームにかかわってきた。経営に責任をもってかかわれば、その時々においてこの3つの問題に関与しなければならなくなる。矢萩氏は、こうした問題の広がりを受け止めながら、実践を通じて経営への理解を深め、獲得した知見を次世代に継承しようとしている。

▼やまがたさくらんぼファームの環境のマネジメント

環境のマネジメントについては、やまがたさくらんぼファームでは、サクランボを栽培し、出荷するだけではなく、観光果樹園への集客、eコマースによる販売などを通じて新しい顧客の獲得を進めてきた。このプロセスでは、矢萩氏はその時々において経営上の新しい判断や行動を迫られた。たとえば、観光果樹園に多くの団体ツアーを呼び込もうとすれば、旅行代理店などへの営業が必要となる。eコマースに取り組むには、ウェブサイトの発注やSNS活用の知見の入手が必要になる。加えて、これらの取組みのなかでやまがたさくらんぼファームは、観光や通販の顧客に向けて、カフェを設け、オリジナルのジュースなどの加工品の提供を行うようになっていく。そこでは、地元の委託生産先などとの関係づくりが必要となる。このように、経営者は時間の流れのなかで、新たなパートナーや仕入れ先の確保など、必要となる課題を見定め、行動を進めなければならない。

一方で矢萩氏は、資金調達や人の雇用などの課題にも取り組んでいる。債務超過の解消や新社屋への投資などの局面では、顧問税理士からの助言、行政や金融機関からの補助金や融資といった外部のパートナーとの関係が重要な役割を果たしている。

そして現在では時間の流れを経て、やまがたさくらんぼファームの従業員も増え、女性や障がい者も働くようになっている。矢萩氏は縁故採用のメリットも活用しながら、農業ならではの働き方の魅力の訴求にも目配りしつつ、従業員の拡大を実現している。営農の規模拡大につながる近隣の農地の借入れを、従前にその農地で働いていた人を雇用しながら行うなどしながら進めている。

▼やまがたさくらんぼファームの組織のマネジメント

矢萩氏は、やまがたさくらんぼファームの分業と協働を導き、望ましい方向へと組織の行動を進めることにも怠りなく取り組んでいる。この組織のマネジメントにかかわる課題をめぐっては、矢萩氏は経営理念を中心にすえた実践を行っている。やまがたさくらんぼファームでは、一緒に働く仲間が最も大切だとされ、この理念のもとで組織の能力や成果、顧客の笑顔、地域との共生の追求を進めるという基軸が、明確にされている。

現在のやまがたさくらんぼファームに必要な仕事は、果樹の栽培から、観光果樹園やカフェ、そしてeコマースなどの運営へと大きく広がっている。矢萩氏は、そこで必要となる果樹栽培のノウハウ蓄積、スマート農業の導入による働き方の改革、果樹の加工品の開発、ホームページづくり、SNSなどでの情報発信などの仕事の進め方を、社内の人たちとともにひとつ一つ学びながら、手順を定めたり、改善したりしていくことにもかかわっている。このように広がっていく仕事に対応するには、社内の人たちに任せることが必要になるが、そこでは、社内の人たちと経営者が方向性をすりあわせるために、立ち返るべき経営理念を共有することが大切となる。

加えて矢萩氏は、経営を長期にわたって引き継いでいくという課題についても、折り目正しく向き合っている。そこでは、家族の歴史が重要な役割を果たしている。祖父が始めた果樹農園を家族で引き継ぎながら、時代の変化を受け止めて事業を拡大してきた歴史を矢萩氏が受け止め、振り返ることが、後継者に引き継ぎ、組織と経営を若返らせていく準備につながっている。

▼やまがたさくらんぼファームの矛盾と発展のマネジメント

経営にかかわる人としての矢萩氏の歩みは、危機と向き合い、直面する経営の矛盾から新たな発展を生み出してきた歩みでもある。日本は自然災害の多い国である。やまがたさくらんぼファームでもそうであったが、この国土において経営を続けていこうとすれば、東日本大震災やコロナ禍など、大きな災害の襲来を繰り返し乗り越えていかなければならない。

さらにいえば、旅行形態が団体型から個人型に変わっていくなどの人々の生活や社会の変化も、事業の存続を脅かす危機となる。そして危機は外部からもたらされるだけではなく、経営の方針の対立や財務状況の悪化など、内部からも生じる。

だが、危機にはポジティブな側面もある。危機は企業に新たな学びを生み出し、経営を改善する契機となる。このような危機のポジティブな側面を引き出すことも、経営者の役割である。矢萩氏は、東日本大震災の際に売上げを大きく減らした悔しい体験を、コロナ禍のもとでの素早い行動につなげたり、個人型の観光客への対応を進めるなかで、6次産業化にも取り組むことで農業の高収益化を実現したり、社内の対立や財務の問題を、よりよい経営を実現する契機としたりすることで、やまがたさくらんぼファームの成長を導いている。

▼しなやかに前進を止めない

それにしてもなぜ、矢萩氏の経営には学ぶことが多いのか。本書の第2章で、事業戦略構築研究所ＡＸ代表の高木響正氏との出会いが描かれている。この出会いから矢萩氏は、近視眼的にならずに経営の全体を考え、実践していく姿勢を学んでいる。

経営の矛盾は、短期間には克服することができなくても、時間をかけて活動を継続していくなかで生じる蓄積や、そのもとでの予期せぬ出会いなどから、より高度なかたちで克服されていくことがある。このようなダイナミックなプロセスと渡り合うには、短期―長期などの対立的な複数の視角から経営の課題に全体的に取り組む必要がある。

この高木氏との出会いは、矢萩氏が大学を卒業し、祖父と父母のもとで果樹園の仕事をするようになってから、まだ数年ほどの時期の出来事だった。当時の矢萩氏は、自社の経営の矛盾に気づき、問題認識を強めてはいたが、それは部分の認識であって経営の全体を考えることはできていなかった。高木氏はこのことを見抜いていたようで、矢萩氏が温めていた新社屋建設のプランに対して「戦略がないのに、投資をして大丈夫か」と、疑問を投げかける。

これをきっかけに矢萩氏は、新社屋建設は一旦棚上げにし、自社の戦略の問題に正面から向き合う。そして経営の全体的な展望のもとで、優先度の高い活動から取り組んでいった結果として、念願だった新社屋建設が実現するのは十数年後となってしまう。だがこれは、新社屋の価値を十分に引き出すことができる組織へとやまがたさくらんぼファームが育っていくには、それだけの年月が必要だったということでもある。

矢萩氏は、アンテナを高くして情報への感度を磨き、固定概念にとらわれずに、顧客からのヒントを大切にしながら、新しい取組みを次々に進めてきた。そしてその事業が、絶えざる変化のなかで成長を果たすことができたのは、短期―長期、局所―全体、構築―棄却など、経営という営みに求められる二面性を矢萩氏が柔軟に受け止めながら、手綱を緩めることなく前進を続けてきたからだと思われる。この柔らかさと芯の強さを合わせ持つことが、経営における人としての矢萩氏の魅力である。

▶講演・視察

山形県　宮城県　福岡県　天童市　山形市　上山市　村山市　東根市　寒河江市　東北農政局　山形大学　東北芸術工科大学　流通経済大学　秋田県立大学　明治大学　法政大学　専修大学　東北学院大学　尚絅学院大学　尚美学園大学　山形県立農林大学校　青森県営農業大学校　茨城県立農業大学校　山形県立村山産業高校　山形県立上山明新館高校　やまがた6次産業ビジネススクール　弘前市認定農業者連絡協議会　山城水系土地区画改良区　山形県農業会議　福島県農業会議　青森県農業会議　盛岡市農業委員会　飯豊町農業委員会　秋田県都市農業委員会　北海道・東北農業法人協会　日本農業機械工業会　など

▶メディア

●テレビ

NHK「サラメシ」

日本テレビ「秘密のケンミンショー」「東野・岡村の旅猿13」「ZIP！」

朝日放送テレビ「朝だ！生です旅サラダ」「おはよう朝日です」

TBS「THE TIME,」フジテレビ「めざましどようび」

テレビ東京「いい旅夢気分」「昼めし旅」「歴史の道歩き旅」など

その他山形県内、宮城県内報道番組、情報番組多数

●新聞

山形新聞　河北新報　日本農業新聞　全国農業新聞　日本経済新聞　読売新聞　毎日新聞　朝日新聞　産経新聞　など

●雑誌（ウェブ含め）

るるぶ　まっぷる　じゃらん　ことりっぷ　ジャフメイト　週刊文春　女性セブン　婦人画報　MORE（モア）　OZmagazine（オズマガジン）　JALグループ機内誌「スカイワード」　技術と普及　農業経営者　アグリ・フード・サポート（日本政策金融公庫）　プレジデントオンライン　マイナビ農業　パソナ農援隊　アグリジャーナル　minorasu（ミノラス）

▶主な役職

山形県農業法人協会副会長　天童商工会議所議員　一般社団法人天童市観光物産協会理事　天童市観光果樹園連絡協議会事務局長　天童市6次産業化推進協議会幹事　流通経済大学校友会山形支部長　山形県農業労働力確保対策実施協議会さくらんぼ労働力確保対策ワーキングチームメンバー　天童市立長岡小学校PTA会長　など

[著者プロフィール]

矢萩　美智（やはぎ　よしとも）

1976年山形県天童市生まれ。果樹農家の三代目として1998年に就農。2011年法人名を株式会社やまがたさくらんぼファームに変更し代表取締役に就任。王将果樹園園主、oh!show!cafe オーナー、やまがたおいしいじはんき仕掛人。

経営理念と目標を掲げ、自社の強みを最大化する戦略と戦術を構築し、果樹の生産、販売、観光、加工、飲食の5本の柱で持続可能な農業経営を目指す。異業種と連携した独自の6次産業化モデルを確立し、農林水産大臣賞を受賞。

農林水産省認定の農福連携技術支援者として、障がい者雇用を増やす。視察受入れや講演講師を積極的に務め、食育や農業者の育成に力を入れる。

これらの取組みやユニークな商品、サービスがマスコミで注目され、取材や報道の依頼が絶えない。

▶受賞歴・選定歴

全国優良経営体表彰6次産業化部門「農林水産大臣賞」
農林水産省選定「ディスカバー農山漁村の宝」
東北農政局選定「ディスカバー農山漁村の宝」
６次産業化アワード優良事例表彰「農林水産省食料産業局長賞」
農業の未来をつくる女性活躍経営体100選
「新しい東北」復興ビジネスコンテスト2019「優秀賞」
大地の力コンペ「未来農業シーズ賞　農福連携」
山形エクセレントデザイン2015「エクセレントデザイン　ブランドデザイン賞」など

▶認証・認定

JGAP　ノウフクJAS　農福連携技術支援者　農地所有適格法人　総合化事業計画認定者
エコファーマー（山形県）　認定農業者（天童市）など

さくらんぼ社長の経営革命
――入園者ゼロになった観光農園の売上を過去最高にできたしくみ

2023年6月6日　第1版第1刷発行

著　者　矢　萩　美　智
発行者　山　本　　継
発行所　㈱ 中 央 経 済 社
発売元　㈱中央経済グループ
パブリッシング
〒101-0051　東京都千代田区神田神保町1-35
電話　03（3293）3371（編集代表）
03（3293）3381（営業代表）
https://www.chuokeizai.co.jp
印刷／文 唱 堂 印 刷 ㈱
製本／誠　製　本　㈱

＊頁の「欠落」や「順序違い」などがありましたらお取り替えいたしますので発売元までご送付ください。（送料小社負担）

ISBN978-4-502-45831-6　C3034